positiva
diario de una chica VIH+

Sobreviví al bullying,
tengo esperanza
y ¡voy a cambiar el mundo!

Título original: *Positive*
Edición: Leonel Teti con Inés Gugliotella
Armado y adaptación de diseño: Daniela Coduto
Foto de tapa: © Polina Osherov
Diseño de tapa: Cara Petrus

Argentina: San Martín 969 10º (C1004AAS) Buenos Aires
Tel./Fax: (54-11) 5352-9444 y rotativas
e-mail: editorial@vreditoras.com

México: Dakota 274, Colonia Nápoles
CP 03810 - Del. Benito Juárez, Ciudad de México.
Tel./Fax: (5255) 5220-6620/6621
e-mail: editoras@vergararriba.com.mx

ISBN 978-987-747-122-9

Impreso en México, julio de 2016
Grupo Gama Impresores

Rawl, Paige
Positiva / Paige Rawl; Ali Benjamin. - 1a ed. - Ciudad Autónoma
de Buenos Aires: V&R, 2016.
344 p.; 19x14 cm.

Traducción de: Belén Sánchez Parodi.
ISBN 978-987-747-122-9

1. Novelas Realistas. 2. Novelas Testimoniales. 3. Literatura Juvenil Estadounidense.
I. Benjamin, Ali II. Sánchez Parodi, Belén, trad. III. Título.
CDD 813.9283

positiva

diario de una chica VIH+

Las memorias de PAIGE RAWL,
con la colaboración de ALI BENJAMIN.

Traducción: Belén Sánchez Parodi

V&R
EDITORAS

+   +   +

Para mi madre, que siempre ha sido mi apoyo y ha confiado en mí.
¡No podría haber hecho nada sin ti! ¡Te amo!
A la memoria de mi padre, Charles Newman Rawl II.
Para todos aquellos que alguna vez han sido hostigados
o estigmatizados. Nunca se den por vencidos.

+   +   +

PRÓLOGO
de Jay Asher

Al abrir un libro que ha escrito una persona sobre su propia vida, no esperas que las primeras palabras las haya escrito otra. Por eso, tal vez te estés preguntando: *"¿Qué está haciendo este chico aquí?"*. Bueno, quizá te sirva considerar las siguientes páginas no tanto como un libro, sino más bien como una potente conversación que entablarás con alguien de quien tal vez hayas escuchado hablar y te interesaría saber más. Si la has visto caminando por la acera o en una fiesta, la mejor forma de empezar a dialogar sería con una presentación.

Lector, me gustaría presentarte a Paige Rawl. Cuando ambos terminen de hablar, creo que te quedarás con la sensación de que algo ha cambiado en ti.

Al final del libro, hay varias páginas con información sobre cuestiones importantes como el *bullying*, el VIH/sida y el suicidio. (Las estadísticas son sorprendentes, por lo que necesitamos asegurarnos de que la gente sepa más al respecto). También hay centros de consulta y otras formas a través de las cuales puedes ayudar a los que estén lidiando con esas problemáticas. O, tal vez, puedan ayudarte a ti. Profundizar en estas cuestiones puede, al menos, mejorar la vida de mucha gente y, en el mejor de los casos, salvar una vida.

Pero entre esta introducción y esa información, conocerás a Paige, quien te contará su historia de manera vívida y detallada; una montaña rusa de emociones que pasa de ser desgarradora a reconfortante, y que primero te hará sentir enfurecido y, luego, animado e inspirado.

Por trece razones, la novela que escribí sobre una adolescente que se suicida después de grabar una serie de audios para explicar sus motivos, surgió de una experiencia personal. El personaje es ficticio, pero está inspirado en las profundas conversaciones que entablé con un familiar que se suicidó cuando era adolescente.

Pienso que la vida siempre nos permite conservar un dejo de esperanza, pero, a través de aquellas conversaciones, comprendí cómo algunas personas pueden renunciar a ella y cómo el simple hecho de desear tener esperanza les resulta doloroso.

A lo largo de los años, mucha gente me ha comentado las numerosas repercusiones que ha tenido mi libro: les hizo recordar el impacto bueno o malo, grande o pequeño que cada ser humano tiene sobre otro, les mostró cómo nunca llegamos a conocer por completo las luchas internas de los demás, y los alentó a buscar la ayuda y el respeto que merecían.

Contar historias tiene ese poder. Nos permite ver el mundo desde otra perspectiva y explorar los asuntos desde una distancia prudente, ya que no se trata de nuestra historia. Podemos evaluar las decisiones y sentimientos de los personajes, comparándolos con los nuestros, y decidir si queremos o no parecernos a ellos.

Pero cuando el relato es real, como sucede en *Positiva*, la distancia prudente puede desaparecer o transformarse en una cercanía incómoda. (Jamás me comporté como *esa* persona, ¿no es cierto?). Podemos llegar a cuestionarnos cosas importantes y difíciles sobre nosotros mismos y, cuando eso ocurre, se produce un fuerte cambio en la forma en que vemos las cosas e incluso cómo nos vemos a nosotros mismos.

Para que nos formulemos esas preguntas, a veces la vida nos pone frente a una persona que está destrozada pero que, al recibir una segunda oportunidad, elige subir más alto de lo que creyó que podría y utilizar su experiencia de vida para elevar a la gente con la que se cruza.

Y, digamos que, cuando finalmente logra plasmar en un libro esas experiencias, todos estamos invitados a crecer con ella.

Esa es la razón por la que para mí es un honor presentar a Paige Rawl, a quien conocí a través de la historia que ahora tienes en tus manos. Una vez que te cuente su vida y que leas su verdad, sé que entablarás rápidamente una amistad y te sentirás tan inspirado como yo.

Nota del autor

Cada uno de nosotros tiene su verdad y todas ellas juntas forman la experiencia humana.

Las personas que aparecen en las siguientes páginas —mis amigos y los que no lo son— tienen su propia verdad para contar. Sé que algunas de ellas apenas se reconocerán y otras ni se darán cuenta del impacto que causaron en mi vida.

Al mismo tiempo, existen muchísimas historias humanas que se entrecruzaron con la mía y cuyas verdades jamás conoceré.

Simplemente quiero decir que, a pesar de que haya cambiado los nombres de varias personas y lugares —incluyendo el de mi secundaria—, los personajes de este libro son reales y sus vidas me afectaron de alguna forma u otra.

La única excepción son los jóvenes que conocí en el centro para el tratamiento del estrés. Los chicos reales con los que me encontré durante mi breve estadía en el hospital pueden decidir contar sus historias personales, si es que lo desean. Para crear a sus equivalentes literarios, me basé en gente que conocí a lo largo del camino y que compartió conmigo sus miedos, preocupaciones, esfuerzos y angustias, por lo que el dolor de sus historias es completamente real.

Por lo demás, el relato de las páginas que siguen a continuación representa la verdad del mundo tal cual la recuerdo.

Prefacio

No hay nadie que te prepare para el momento en el que ves tu nombre garabateado en la pared de un baño.

Honestamente, antes de descubrir el mío, jamás se me había ocurrido que todos esos nombres que aparecían en los baños de Dunkin' Donuts, 7-Elevens, el centro comercial Castleton Square y la gasolinera de la esquina correspondían a personas reales.

Y aunque alguna vez me hubiese molestado en preguntarme por aquella gente: *¿Jasmyn amaría x siempre a Shawn?* o *¿Qué le habría pasado a Darren a quien nunca jamás deberíamos olvidar?*, la inquietud se habría esfumado antes de que terminara de lavarme las manos y las colocara debajo del secador.

Pero un día, al entrar en uno de los baños de la escuela, me topé con mi nombre escrito en marcador negro. Debajo, varios chicos habían agregado algunas frases con bolígrafos.

Jamás me habría imaginado que vería mi nombre escrito en aquella pared. Siempre me había considerado una buena chica: más cercana a *Glee* y a Taylor Swift que a las Kardashian y a Miley Cyrus. Me gustaba formar parte de grupos y evitaba las peleas.

Pero empezaba a comprender que las personas no siempre teníamos la libertad de elegir entre un bando u otro. A veces porque no nos incluyen y otras, porque surgen enfrentamientos inesperados. Sin previo aviso, el universo te separa bruscamente del resto de las almas, impidiéndote adaptarte y congeniar con los demás.

"Lo siento", decía el universo. "Me temo que tendrás que luchar".

Y luego de mirarlo con asombro, completamente perpleja, él agregaba, encogiéndose de hombros:

"Será mejor que empieces ahora mismo porque, de lo contrario, el mundo te destruirá".

No tenía otra opción: debía aprender a luchar.

Y, durante los pocos años que siguieron, fui aprendiendo varias cosas, como que es posible luchar con una sonrisa, llevando un vestido, una falda de porrista y unas porras, e incluso con una tiara brillante y una banda de satén que diga MISS INDIANA DE LA ESCUELA SECUNDARIA DE LOS ESTADOS UNIDOS.

Pero, en aquel entonces, aún no lo había descifrado. Lo único que sabía era que todo lo que conocía y quería para mi vida estaba cambiando.

Miré fijamente los garabatos mientras examinaba mis posibles opciones.

Podía tachar lo que estaba escrito, como si jamás hubiera existido pero, desgraciadamente, solo tenía una lapicera en mi bolsa. Me sería imposible cubrir la tinta negra de mi nombre.

Además, no iba a lograr nada con borrar los comentarios de la gente, ya que nadie cambiaría de opinión ni dejaría de hablar sobre mí.

No podía hacer más que mirarme en el espejo, alisarme el cabello, respirar hondo y abrir la puerta. Al salir al corredor, esbocé una amplia sonrisa como si no hubiera visto nada y todo continuara igual que siempre. Fingí que aquel mensaje no me había afectado en absoluto y que no me sentía avergonzada ni rechazada.

PAIGE TIENE SIDA, decía en negro.

Puta, ramera, debajo.

Y, por último, PAIGE = PAIDS*

En realidad yo no tenía sida sino VIH. Están relacionados pero no son lo mismo, aunque a los chicos que iban a la secundaria Clarkstown no les importara la diferencia.

Así como tampoco les interesaba que no era un virus contagioso, como un resfrío o una gripe, ni exteriormente visible, ya que lucía, me movía y hablaba igual que ellos. Pero, después de todo, los que más me dificultaban la vida habían sido, un año atrás, mis amigos más cercanos.

Ya sabes cómo es: yo era diferente porque tenía algo que los demás no tenían.

---

* N. de la T.: En inglés el nombre de la protagonista suena muy similar a la letra *p* seguida de la palabra *aids* (sida).

Y cuando vives en los suburbios del noroeste de Indianápolis, estás en séptimo grado y lo único que quieres es estar rodeada de amigos, ser *diferente* es lo peor que te puede pasar.

PRIMERA PARTE

El comienzo

Cómo era

Hoy en día, cada vez que cuento que tomé medicamentos a diario durante casi una década sin siquiera cuestionármelo, me observan como si fuera un monstruo con tres cabezas o, tal vez, la persona más imbécil del mundo.

Comprendo su punto de vista.

Pero las medicinas forman parte de mi vida desde que recuerdo. De muy pequeña, trepaba a la mesada de la cocina, entrecruzaba las piernas y aguardaba con paciencia a que llegara mi madre y desenroscara la tapa de seguridad para niños de un recipiente blanco de plástico; luego, ella echaba una cucharada del polvo dentro de un vaso para niños con leche y revolvía, intentando quitar los grumos.

Después de tapar el vaso, me lo alcanzaba. Yo hacía una mueca y comenzaba a beber. El sabor era espantoso; la llamaba "mi bebida asquerosa". De todas formas, era una niña obediente y la tomaba toda. Nunca me habría negado, aun si mi madre no me hubiese estado observando detenidamente, con la mirada fija en mí, como si mi vida dependiera de ello.

Eso era verdad, por supuesto, solo que todavía no lo sabía. En otras oportunidades, la gente me pregunta sobre las visitas al hospital. Seguramente eran demasiado frecuentes. ¿De verdad creía que eso era normal? La respuesta corta es *sí* y, de hecho, me *gustaba* ir.

El Hospital Infantil Riley se encuentra en el centro de Indianápolis. El contraste entre aquella formidable arquitectura moderna, en medio de la bulliciosa ciudad, y nuestra acogedora casa de una sola planta, con el césped cortado de forma prolija, me generaba mucho entusiasmo. Cuando atravesaba la entrada, solía mirar hacia arriba para disfrutar de los enormes osos de peluche sentados sobre las altas repisas con las piernas colgando. Cada vez que pasábamos junto al brillante caballo de carrusel rodeado de monedas, mi madre y yo lanzábamos unos centavos y pedíamos un deseo. Yo siempre pedía muñecas y vestidos, idas al parque acuático, *cupcakes* y que llegara la Navidad, mientras que mi mamá deseaba en silencio.

Cuando le preguntaba qué había pedido, jamás me lo decía, sino que simplemente respondía:

"Lo mismo que la última vez, corazón". Luego me abrazaba con fuerza y finalmente agregaba: "Lo mismo de siempre".

Subíamos a los ascensores de vidrio −verdaderos ascensores de vidrio como los de Willy Wonka−, y nos dirigíamos al tercer piso.

Mientras esperaba dentro del consultorio, no podía dejar de examinar el instrumental médico: presionaba la goma del aparato para medir la presión sanguínea, sacaba y colocaba los tapones plásticos del otoscopio, y jalaba de los soportes que permitían colgar estos instrumentos en la pared.

"No desordenes las cosas de la doctora". Mi madre intentaba regañarme, incapaz de borrar por completo la sonrisa de su rostro. "¡Se va a enfadar contigo, Paige!"

Pero cuando la doctora Cox finalmente ingresaba en la habitación con sus zapatos de moda y varias alhajas, jamás se mostraba enojada sino que, por el contrario, me saludaba con alegría.

—¡Qué bueno verte, Paige! —la ropa holgada se asomaba por debajo del guardapolvo y el estetoscopio colgaba con confianza alrededor de su cuello.

Me encantaba verla. De hecho, planeaba *ser* como ella en el futuro.

—Cuando sea grande, voy a tener tu trabajo —le decía con orgullo cada vez que la visitaba.

—Por supuesto que sí —la doctora Cox me sonreía, apartándose de los ojos un mechón de cabello rubio mientras extendía un bajalengua. Siempre me tomaba en serio, a diferencia de la manera en que otros adultos trataban a los niños.

—Ahora, di *ahh*… —indicaba mientras presionaba el bajalengua de madera contra mi lengua.

Solía hablar de todos los temas con la doctora Cox: de la escuela, de las veces que me quedaba a dormir en lo de mis amigas, de que nadaba como una sirena —lo cual mi madre me había confirmado–. Le conté que amaba el karaoke y que podía saltar en el trampolín hasta alcanzar las aves. Ella me escuchaba con atención, se reía y me halagaba las uñas brillantes. También me preguntaba por las vacaciones, los maestros y mis compañeros de clase…

Si bien era su pequeña paciente, la doctora Cox me trataba como a una persona normal que le agradaba. Y no era la única. Las enfermeras de la sala de emergencia sabían mi nombre y recordaban detalles tanto de mi historia clínica como de mi vida fuera del hospital. Me preguntaban por los libros que estaba leyendo y me felicitaron el día que les dije que había aprendido a andar en bicicleta. Los técnicos de laboratorio también me conocían; mientras me pinchaban la piel, me preguntaban por la escuela y, para distraerme, me permitían sujetar los tubos que se iban llenando con mi sangre.

Frecuentar un hospital desde tan pequeña suena horrible para la gente que no ha tenido la experiencia de estar en un sitio como Riley. Pero lo cierto es que se me ocurren destinos mucho peores que estar rodeada de un grupo de personas tan bondadoso y cálido.

Cuando estas cosas –las medicinas y las visitas al hospital– forman parte de tu rutina antes de fijar los primeros recuerdos, de lograr escribir tu nombre por primera vez e incluso de aprender a dar una voltereta o a cepillarte los dientes sin ayuda, se vuelven tan naturales como la salida del sol. Pero si, de alguna manera, la oscuridad no diera lugar a la luz y las estrellas continuaran en el cielo durante la mañana, cuando el autobús escolar se detiene frente a una fila de niños perplejos, *aquello* sí que llamaría la atención.

Por lo tanto, siempre y cuando algo siga ocurriendo sin descanso día tras día, empiezas a darlo por sentado, mientras que tu mente se concentra en otras situaciones, como en terminar la tarea, estudiar para un examen de vocabulario o recordar el fin de semana anterior.

Créeme, lo que nos mantiene con vida puede ser el zumbido del refrigerador o la televisión que una madre deja encendida todo el día porque la pone nerviosa el silencio. Son pequeñas cosas que están allí, forman parte de nuestro mundo y apenas vale la pena mencionarlas.

Tal vez pienses que habría sido distinto si se hubiera tratado de ti; que tú te lo habrías cuestionado antes y habrías descifrado más rápido que *algo era diferente*. Habrías empezado a formularte las preguntas: *por qué*, *qué y cómo*.

Voy a ser honesta: no estoy tan segura al respecto.

Quizás ese fue mi problema desde el principio: el hecho de que las mil dosis de medicamentos fueran tan rutinarias y monótonas; de sabor amargo, por supuesto, y una lata, sin duda. Pero, aun así, simplemente el telón de fondo de las facetas de mi vida que creía que eran las más importantes. Tal vez *esa* es la razón por la que me sorprendió todo lo que sucedió después. Al fin y al cabo, tal vez fue la misma cotidianeidad del asunto la que me dejó tan indefensa cuando comenzaron a ocurrir cosas malas.

Año tras año, había sido así. Mi amiga Azra iba a lo de su abuela a nadar en la piscina, mi amiga Jasmine iba a los partidos de béisbol de su hermano, y yo iba a ver a la doctora Cox. Tomaba mis medicinas, jugaba al fútbol, vestía a mis Barbies, cantaba música country con mamá y observaba cómo mi sangre oscura corría por tubos de plástico transparentes.

Era simplemente lo que a mí me tocaba *hacer* y nada más.

Tenía muchísimas amigas y, sinceramente, una vida bastante agradable.

Mamá

Por supuesto que, para mi madre, la experiencia del hospital era completamente distinta.

En primer lugar, porque ella sí sabía la razón por la que estábamos allí.

Sabía que, detrás de la alegría que expresaban las enfermeras, los doctores y los técnicos de laboratorio, se libraba una batalla de vida o muerte: una batalla por mi vida. Mamá era consciente de que, en el interior de mis células, un virus diminuto –un millón de veces más pequeño que el punto que cierra esta frase– intentaba matarme.

Ese es el único motivo por el cual tengo una historia para contar: varios años atrás –probablemente antes de mi nacimiento– el virus de la inmunodeficiencia humana o VIH invadió mi sistema inmunológico, a través de la inserción de su propia carga genética dentro de las células que debían mantenerme sana. Cada vez que ellas se dividían, el virus imitaba sus pasos.

Mi madre también sabía que, sin control permanente, el VIH podía transformarse en sida, una enfermedad que no tenía cura.

Y, si aquello ocurría, yo no sería capaz de combatir las infecciones
más simples —causadas por otros virus, bacterias, hongos o parási-
tos— que deteriorarían progresivamente todos los sistemas de mi
cuerpo. Incluso el más leve resfrío pondría en peligro mi vida
y, con el tiempo, contraería una infección mortal a la que no
lograría sobrevivir.

Antes de que conociéramos a la doctora Cox, mi madre ya
sabía todo esto y también que el sida había matado a más de once
millones de personas alrededor del mundo, de los cuales casi tres
millones eran niños.

Ella no podía evitar saber todo al respecto.

Y mientras que las visitas al hospital y las medicinas habían
formado parte de mi vida desde que tenía memoria, su propio
camino había tenido un comienzo muy específico.

Para ella había un antes y un después.

Mis padres en su boda.

Hija de un contratista y un ama de casa, mamá se había criado en el norte de Indianápolis, a tan solo minutos de los limpios jardines y los edificios de cal de la Universidad Butler. Había gozado de una infancia tranquila y común y corriente, interrumpida por los ocasionales servicios religiosos de la Iglesia baptista y los partidos de béisbol del vecindario. Cuando tenía veinte años conoció a mi padre. Ella trabajaba de camarera y él entró al bar a beber un trago. Era un antiguo oficial de la marina, hijo de un militar, y propietario de una concesionaria de autos usados, que tenía el encanto y el carisma propio de los vendedores. Conversaron, él la hizo reír y descubrieron que ambos amaban la navegación y la música country.

Ahora me resulta extraño imaginar aquel encuentro en el bar, cuando eran jóvenes y felices, al inicio de una relación que todavía no presentaba dificultades ni deterioro alguno. Supongo que a todos les resulta extraño imaginar a sus padres en esa situación pero, créeme, que es más raro aún cuando uno de los dos contagió de VIH al otro y cambió para siempre su vida y la de las generaciones venideras.

Parecía un muy buen chico, decía ella. La gente siempre dice eso, ¿no es cierto? Lo dijeron después, luego de lo que ocurrió. Luego de que esa persona hiciera algo imperdonable. Un muy buen chico. Qué raro. Jamás lo habría visto venir.

Fueron a pasear en bote por el lago Morse y hablaron un poco más. Él le dijo que quería tener un hijo, a quien sería divertido entrenar en las ligas menores. Con los cabellos movidos por el viento y el reflejo del sol en el agua, ella se atrevió a imaginarse una vida junto a él. Sonrió ante la idea de que aquel hombre tan apuesto entrenara a un niño… el niño de ambos. Ella quería eso. Quería subirse a las gradas y celebrar.

Lo quería *a él*.

Una vez que se casaron, mi madre comenzó a ayudarlo en la concesionaria atendiendo el teléfono mientras mi padre asistía a subastas de automóviles para actualizar el inventario. Luego me tuvieron a mí.

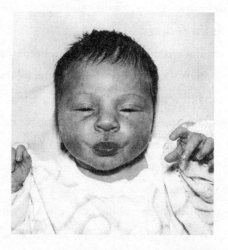

¡Yo de recién nacida! 11 de agosto de 1994.

Para entonces, el negocio iba muy bien y ganaban mucho más dinero del que mamá esperaba.

Quién sabe, tal vez ese dinero fuera la causa de los problemas.

Papá empezó a sentir celos y a acusar a mama de cosas que nunca había hecho y de relaciones que jamás había tenido. Por más que ella le confirmara que era mentira, no había forma de convencerlo. Él comenzó a sufrir altibajos y su comportamiento se tornó errático; pasaba varios días fuera de casa y el dinero empezaba a escasear.

Hizo rehabilitación durante un tiempo. Mientras tanto, el negocio de vehículos se desmoronaba. Mamá se enteró de que la había engañado y decidió separarse. Luego se reconciliaron. Ella lloraba mucho y él le hacía promesas que no podía cumplir. Finalmente, se alejaron para siempre.

Por supuesto que no recuerdo nada de esto ni tampoco otras cosas que me contó mi madre sobre lo bien que yo dormía, que reía con frecuencia, y cómo aprendía a hablar —mi primera palabra fue "Papi"—, a caminar y a correr.

Mi primer "modelaje", sentada en un ostentoso auto nuevo
de la concesionaria de mis padres.

Mamá dice que, por las tardes, me acercaba a la ventana porque me fascinaba mirar los autobuses escolares amarillos repletos de chicos. Cada vez que pasaban, gritaba de felicidad. Aquel se convirtió en uno de nuestros alegres rituales.

Pero, luego, ella comenzó a tener episodios de fiebre.

Creyó que tenía gripe; le dolía todo el cuerpo, se sentía débil y no dejaba de transpirar pese a que no se le iba el frío. Al principio, los síntomas eran leves –continuaba cambiándome los pañales, atándome al asiento del vehículo y doblando pilas de ropa recién lavada–, pero no podía librarse del malestar.

Visitó varias veces a su doctor, quien le recomendó que se hiciera un análisis de sangre. Podría tratarse de anemia o, quizá, fatiga crónica.

El día que fue a la consulta de control, lo último que se habría imaginado era que se trataba de VIH. Después de todo, era una madre del oeste que vivía en los suburbios y cuya vida giraba en torno al trabajo, a los cereales del desayuno, al jabón para lavar la ropa, a ordenar juguetes y a hacer las camas.

Mi padre había tenido problemas, pero *ella* no, por lo que no estaba en absoluto preparada para recibir las noticias del médico.

—Llegaron los resultados del análisis de sangre —dijo él sin rodeos—. Eres VIH positivo.

*Mamá ayudándome a colorear huevos de Pascua. En ese momento,
aún no estaba enterada de que éramos VIH positivo.*

No sé cómo fueron sus primeros días luego del diagnóstico. Incluso ahora, tantos años después, le resulta muy difícil hablar de ese período. Me contó que llamó a su madre llorando, que su hermana viajó en auto desde Wisconsin para consolarla, y que se comunicó con mi padre —el único que podría haberle trasmitido la infección— y le dijo, entre llantos, que necesitaba hacerse una prueba de VIH.

También me confesó que la aterrorizaba la idea de dejarme huérfana con tan solo dos años de edad.

A continuación, otro pensamiento le vino a la mente.

Las madres podían transmitir la enfermedad a sus hijos durante el embarazo o el parto. ¿Qué pasaba si también…?

¡De ninguna manera!, aseguró mamá. No era posible que yo tuviera VIH, ya que era gordita, feliz y me desarrollaba con normalidad. Mis únicos problemas de salud habían sido dolores de oído pasajeros.

Aun así, no se le fue la idea de la cabeza. ¿Y si yo también era VIH positivo?

En pleno verano, justo antes de mi tercer cumpleaños, mamá me llevó al consultorio del pediatra. Allí, me contuvo mientras me sacaban sangre de un brazo pequeño y regordete. Dos semanas después, llamó para que le dieran los resultados.

El doctor le dijo por teléfono que mi prueba de VIH también había dado positiva.

Ella se dejó caer sobre una silla y comenzó a temblar.

Su niñita adorada, su bebé de mejillas redondas y manos diminutas que la abrazaban, tenía un virus que ya había matado a decenas de millones de personas y que no tenía cura.

Aquella tarde, como de costumbre, me llevó hacia la ventana y, cuando pasaron los autobuses escolares, lancé mi usual grito de alegría. Ella me besó la cabeza y me sostuvo con fuerza, intentando contener las lágrimas que no paraban de brotar de sus ojos.

Dijo que los vehículos amarillos la habían afectado y se había preguntado si algún día yo podría viajar en uno de ellos.

*Mi cumpleaños número tres. Algunas semanas antes,
mi madre se había enterado de que era VIH positivo.*

Clarkstown

*El año 2006 fue muy importante. Me entusiasmaba empezar
los primeros años de la secundaria y pronto descubriría mi diagnóstico.*

En mi primer día de sexto grado, estaba completamente aturdida
y mi madre, por su parte, tenía los nervios de punta.

—¡Apresúrate, Paige! —vociferaba desde la cocina. Siempre que
está estresada, grita de forma graciosa. Esa mañana, sus fuertes
gritos me asustaron pese a que estaba en el baño, a dos habitacio-
nes de distancia—. Si no tomas el desayuno, podrías desmayarte.

Puse la mirada en blanco frente al espejo porque sabía que eso no era verdad, que no perdería el conocimiento, así como era consciente de que tenía bastante tiempo para disfrutar de un desayuno decente.

Pero también conocía a mi madre.

A lo largo de toda la escuela primaria, mamá se había esforzado por estar junto a mí en todo momento: nos acompañaba a los viajes de estudio y se sentaba en primera fila en los conciertos y las obras escolares. Era la que se encargaba de organizar las fiestas del curso, la que repartía *cupcakes* y *brownies* en pequeñas servilletas o puñados de papas fritas, y la que servía jugo de manzana en vasitos de papel. En Halloween, daba a cada uno de mis compañeros de clase una calabaza para decorar y una bolsa de plástico llena de juguetes y sorpresas.

Simplemente se sentía más cómoda al estar junto a mí.

Pero, en ese momento, empezaba la secundaria en Clarkstown y eso la alteraba muchísimo.

—Mamá —exclamé—. *Tú* fuiste a Clarkstown y todo anduvo bien.

—Lo sé, Paige —me respondió—. Pero los tiempos han cambiado y el mundo ha enloquecido.

—Y tu antigua profesora de Gimnasia sigue allí y es una de las consejeras estudiantiles, por lo que seguramente la vea bastante.

Escuché que se abría y se cerraba una gaveta de la cocina, y luego el agua que corría.

—Será mejor que no la veas tanto —vociferó ella—. Hoy en día, los chicos malos son los que ven a los consejeros. Ellos no tienen tiempo para los chicos buenos.

—¡Santo Dios, mamá! —grité mientras sacudía la cabeza. A veces se ponía un poco chiflada—. Voy a estar a un par de cuadras de distancia. Podrías lanzar una piedra desde aquí y caería en la escuela.

—No lanzaré nada a ningún sitio —dijo al mismo tiempo que entraba en el baño y me alcanzaba un vaso con una chocolatada nutricional, la bebida que me daba cada mañana desde que tenía memoria—. Aquí tienes.

Dejé el cepillo y bebí la mayor cantidad de tragos posible. Era lo mínimo que podía hacer por ella ya que, si no tomaba un buen desayuno —aquella bebida antes de mi medicamento y, después, un tazón de cereales—, ella sufriría toda la mañana.

Así es mi madre. Se ponía muy nerviosa, incluso ahora.

—Estás muy linda —dio un paso hacia atrás y echó un vistazo a mi vestimenta. Luego añadió con voz más suave—: Me gustan esos shorts.

—¡No más uniformes! —exclamé.

—No más uniformes —repitió ella, menos entusiasmada que yo.

—¡Sí, Wildcats!

—Sí, Wildcats —suspiró mientras sacudía la cabeza. Luego esbozó una sonrisa—. Me alegro de que te entusiasme empezar la secundaria.

Di un largo sorbo a la bebida, apoyé el vaso sobre la mesada y comencé a hacer los movimientos básicos de las porristas.

—¡Arriba, Wildcats! ¡Viva, viva, viva!

Y aterricé con los brazos encima de la cabeza en forma de V.

Clarkstown tenía un equipo de porristas y, aunque no pudiera unirme hasta el año siguiente, ya había empezado a practicar. Estaba resuelta a aprender todas las coreografías antes de terminar sexto grado.

—De acuerdo, cariño —dijo mamá—. Ahora, tienes que tomar la medicina.

La seguí hasta la cocina mientras continuaba balanceándome, y, al llegar, me alcanzó la dosis. Para aquel entonces, ya era lo suficientemente grande como para tomar esas enormes pastillas del tamaño de una moneda de diez centavos.

—Piénsalo de esta forma, mamá —agregué—. ¿Cuántos chicos conoces que puedan tragar una píldora tan grande? —le mostré una, como si ella jamás las hubiera visto… como si no las hubiera visto todos los días en los últimos nueve años—. Si puedo con esto, podré soportar la escuela secundaria, ¿no es cierto?

Me observó detenidamente para asegurarse de que las había tomado todas. Finalmente, luego de abrir la boca para corroborarlo, ella sonrió.

—Sí, puedes, Paige —respondió—. Sé que puedes hacerlo.

La explicación más corta posible del VIH

Por cierto, aquellos medicamentos son la razón por la que sigo viva.

Tuve muchísima suerte. Mejor dicho, me cayeron monedas del cielo o encontré un trébol de cuatro hojas en la pata de un conejo porque *el mismísimo* año anterior a que me diagnosticaran VIH, salieron a la venta las primeras de estas medicinas.

Si hubiera nacido algunos años antes, ya estaría muerta. No estoy siendo dramática ni estoy tratando de llamar la atención a través de lo que mi profesora de Lengua llamaría "hipérbole", sino que simplemente estoy constatando un hecho.

Esos remedios cambiaron todo.

El VIH es un virus. Todos piensan que los virus tienen vida propia, pero realmente no es así, ya que no pueden reproducirse ni crecer por sí mismos. Pero, una vez que invaden las células vivas, se *comportan* como si fueran seres vivos, apoderándose de ellas para crear ejemplares de sí mismos. Por eso, podríamos afirmar que los virus toman vida prestada o, más bien, la roban.

Las bacterias, por el contrario, están vivas y, si te infectas, puedes tomar antibióticos para matarlas. Pero si tienes un virus —gripe, resfrío o VIH—, no hay nada para matar porque el virus nunca estuvo vivo.

Frente a la mayoría de los virus, el cuerpo humano produce dentro de sí mismo todo lo necesario para combatirlos. Existen células especiales —entre ellas, los glóbulos blancos— que están constantemente atentas a la aparición de virus y otros invasores que podrían dañar la salud. Actúan como si fueran los policías amigables del vecindario que vigilan las calles tranquilamente por si llega a ocurrir un imprevisto. Si detectan algo que no pertenece a tu cuerpo —un virus, una bacteria, un hongo o un parásito—, se agrupan formando un ejército en miniatura y salen a combatir al intruso. A veces, las células generan anticuerpos para atacar la infección, y otras, avanzan y se la devoran como si fueran una jauría de perros hambrientos. Hagan lo que hagan, aquellas células germinativas que luchan —o policías que pueden reconocer y destruir a un invasor— forman parte del sistema inmunológico, que permite que te cures de una gripe o un resfrío.

Esta clase de batalla se lleva a cabo dentro de todas las personas, en cada instante de sus vidas. De hecho, está ocurriendo dentro de ti en este preciso momento; mientras lees estas líneas, hay gérmenes bombardeando tu cuerpo y tu sistema inmunitario los está combatiendo. Pese a que no seas consciente, está sucediendo. Y la mayor parte de las veces funciona a la perfección.

Pero el VIH es como el genio malvado de los virus porque hace que el sistema inmunitario se perjudique a sí mismo.

Un virus de VIH se parece a una minúscula pelota cubierta de setenta y dos picos. Imagínate uno de esos erizos que se te impregnan en el abrigo durante una caminata por el bosque o una de esas armas medievales con puntas. El VIH luce como una versión en miniatura de esas cosas. Es grande para ser un virus porque mide cuatro millones de pulgadas, pero es demasiado pequeño como para ser visto con la mayoría de los microscopios.

Por más imperceptible que sea, es extremadamente poderoso. Invade un tipo especial de glóbulos blancos llamados células CD4 o células T. Una vez dentro de una de ellas, el genio malvado la transforma en una especie de fábrica de VIH. La célula deja de combatir a los invasores y, en cambio, genera más y más copias de VIH.

De esa forma, el virus se propaga rápidamente por todo el cuerpo: ataca una célula T detrás de la otra, y ellas, en consecuencia, pasan de ser las chicas buenas que combaten la enfermedad a ser las chicas malas de la fábrica de VIH.

Cuando se dañan demasiadas células T, el sistema inmunitario se debilita lo suficiente como para no poder luchar contra ninguna infección.

Las personas sanas tienen entre setecientas y mil células T en cada gota de sangre, a diferencia de la gente con VIH, que tiene menos. Si estas últimas poseen quinientas o más, se encuentran dentro de los parámetros "normales", pero si las cifras de células T o células CD4 están por debajo de las doscientas, la persona ya no puede combatir las infecciones de manera eficaz y padece lo que se llama sida, es decir, síndrome de inmunodeficiencia adquirida. *Síndrome* porque se trata de un conjunto de problemas de salud que constituyen una patología; *inmunodeficiencia* porque la parte del cuerpo que lucha contra las enfermedades se ha debilitado, y *adquirida* porque proviene de una infección.

En otras palabras, el VIH no mata personas sino que destruye las partes que las mantienen fuertes. Debilita el sistema inmunitario de tal forma que al organismo le resulta imposible luchar contra los gérmenes y termina siendo más propenso a contagiarse enfermedades que la gente sin el virus.

Ah, ¿y saben otra cosa más sobre este genio malvado? Una persona con VIH puede vivir durante años, o décadas incluso, sin que se le manifiesten los síntomas. Y como parece completamente normal y se siente tan bien, a un drogadicto no le importaría compartir una aguja, y nadie pensaría dos veces antes de acostarse con una de ellas sin cuidarse.

O una madre —como la mía— podría quedar embarazada sin saber que tenía el virus dentro de ella y se lo estaría transmitiendo a su hijo a través de la sangre.

Así es exactamente cómo se ha contagiado el virus a lo largo de los años.

Si hubiera sido menos afortunada y hubiera nacido un par de años antes, me habría ocurrido lo siguiente:

Mis células T habrían generado más y más copias del VIH, las cuales, a su vez, habrían invadido otras y propagado aún más el virus. Al principio, me habría sentido bien y normal pero, con el tiempo, habría contraído extrañas infecciones una detrás de la otra, como meningitis, neumonía, tuberculosis, candidiasis, bronquitis, retinitis por CMV, linfoma, toxoplasmosis, encefalopatía, esofagitis, sarcoma de Kaposi y muchas otras más que son tan horribles como suenan.

Finalmente, alguna de ellas me habría provocado la muerte.

Pero el medicamento que tomo todos los días impide que el virus del VIH haga copias de sí mismo dentro de mis células. Así como el VIH transforma las células inmunitarias en una fábrica de VIH, este medicamento desactiva la línea de producción.

¡Lo lamento, genio malvado!

Pero este tratamiento no es la cura. A esa altura, no hay vuelta atrás. Una vez que el virus del VIH ingresa en el cuerpo, se queda para siempre. Pero gracias a que se detiene la fábrica, la gente infectada puede vivir muchos, muchos años. Probablemente, indefinidos.

Soy la primera en afirmar que los tratamientos plantean varios desafíos: el VIH se vuelve fácilmente resistente a las drogas, razón por la que hay que usar muchas al mismo tiempo, y también es fundamental tomarlas todos los días exactamente a la misma hora. Sin excepciones. Por eso mi madre insistía tanto en que tomara "mi bebida asquerosa" y me observaba para asegurarse de que la hubiera terminado toda.

En cualquier caso, tampoco es muy agradable tomar estos medicamentos, ya que pueden generar varios efectos secundarios, como mareos, cansancio (me suele pasar), cambios en el color de piel y constantes malestares estomacales (no me ocurre lo primero pero los malestares estomacales son un asunto de todos los días). También leí en las indicaciones del prospecto que, a veces, los pacientes no pueden dormir, se deprimen o hasta sufren alucinaciones. Busqué esa última palabra en el diccionario y me alegré de que no me hubiera pasado porque *ver cosas que no están realmente allí* suena bastante aterrador.

Pese a todo, la gente que toma estas drogas está viva. Yo estoy viva.

Llegué a los tres años porque tuve mucha suerte pero, desde que me diagnosticaron, sobreviví gracias a dos cosas. En primer lugar, gracias a los asombrosos avances de los científicos que lograron comprender el complicado proceso que ocurre dentro de una célula. En segundo lugar, gracias a la vigilancia de mi madre, que se preocupó demasiado por mi bienestar y nunca permitió que me olvidara de tomar ni una sola dosis de medicina.

Su preocupación y su implacable resolución de protegerme fueron los dos elementos que literalmente me mantuvieron con vida.

Te lo afirmo: contra mamá, incluso un genio malvado lleva las de perder.

Clarkstown

No bien abrí la puerta principal de vidrio, me enamoré de la secundaria Clarkstown.

El edificio estaba colmado de chicos ruidosos y llenos de energía, que reían y se saludaban a los gritos a lo largo de los corredores. Del techo, colgaban banderas de todos los colores y países, encarnados por la gente a mi alrededor, que tenía orígenes muy diversos. Había colas de caballo rubias, trenzas africanas decoradas con cuentas y pañuelos de seda alrededor de la cabeza, todos en igual medida.

Ajusté las correas de mi mochila —que estaba muy pesada por los cuadernos escolares y las carpetas—, alcé un poco el mentón y, gracias a las indicaciones, me dirigí hacia los casilleros de sexto grado.

¡Esos casilleros! Por más tonto que suene, los adoraba. Amaba tener uno, el ruido que hacía cuando se cerraba y decorarlo con fotos de amigos y palabras recortadas de revistas.

También amaba otras cosas de Clarkstown, como que tuviera una cancha de fútbol en la parte trasera con un enorme marcador en lo alto y una pista con líneas divisorias que la rodeaba, como las que hay en las escuelas secundarias. Ese año planeaba competir en carreras de pista —uno de los pocos deportes a los que se podían unir los de sexto grado— y, al año siguiente, pertenecer al grupo de porristas. Me imaginaba alentando con las porras a un equipo de fútbol. Estaba segura de que tenía todo lo necesario para ser una gran porrista. La gente siempre me decía que estaba llena de energía *contagiosa*. (Sí, esa era la palabra que usaban de vez en cuando).

Me gustaba la idea de compartir mi entusiasmo, o *energía contagiosa*, con un grupo de personas. Además, era lo suficientemente pequeña como para trepar a la cima de la pirámide, lo cual ayudaba bastante.

Me encantaba que Clarkstown tuviera canchas de tenis, una vitrina llena de trofeos afuera del gimnasio y numerosas actividades para elegir. Íbamos a disfrutar de verdaderos bailes y de gigantes piyamadas dentro de la escuela durante las que nadie dormía. Me emocionaba que hubiera tantos chicos que todavía no conocía, gracias a que Clarkstown recibía a alumnos de varias escuelas primarias.

Cada uno de esos rostros nuevos representaba un nuevo amigo en potencia.

Aquella primera mañana en Clarkstown, todos los alumnos de sexto grado —¡éramos muchísimos!— nos dirigimos al auditorio, donde se llevaría a cabo la reunión general. En el escenario, había una mujer de baja estatura con el cabello blanco. Vestía un traje ajustado, no muy femenino, por lo que parecía una persona Lego, es decir, ancha y cuadrada. Se tambaleó sobre sus zapatos de tacón al mismo tiempo que esbozaba una enorme sonrisa. Todos nosotros —aproximadamente trescientos chicos— nos ubicamos en los asientos.

—Bienvenidos —dijo—. Soy Norma Fischer y estoy muy orgullosa de ser la directora de la secundaria Clarkstown.

—Parece un malvavisco —escuché que alguien susurraba en voz alta detrás de mí. Varios comenzaron a reír. Yo también lancé una risita.

Algunas filas más adelante, una chica con el cabello y los ojos oscuros, del color de la Coca-Cola, se volvió y le lanzó una mirada fulminante al chico que había hecho el comentario. Luego giró hacia la señorita Fischer y enderezó la espalda.

Bajé la vista y dejé de reír. Gracias a esa muchacha, había recuperado la atención. No me había metido en problemas durante la escuela primaria y no planeaba comenzar en ese momento.

—Me gustaría decirles —continuó la muy orgullosa directora de la secundaria Clarkstown, sin hacer ningún comentario al respecto de las risas— que cuando entran a Clarkstown vienen tal como son… y se van diferentes.

Nos habló de las normas y expectativas, de que el privilegio conlleva gran responsabilidad, de que la secundaria iba a presentar más desafíos y más diversiones de las que imaginábamos, y de que nos esperaban grandes oportunidades.

Mientras hablaba, eché un vistazo alrededor de la sala y analicé algunos de los rostros nuevos. Al poco tiempo, dejé de prestar atención a las palabras de la directora. ¿Cómo podía focalizarme en tantas reglas cuando no veía la hora de conocer a todas esas personas? Miré a un chico detrás del otro; cada uno tenía un tamaño y una figura diferente.

Era una edad graciosa y peculiar. Algunos lucían como niños de primaria —baja estatura, extremidades delgadas, prendas sueltas—, y otros, como verdaderos adolescentes.

Pero, al partir, todos *seríamos* adolescentes.

Vienen tal como son y se van diferentes.

Volví a observar a la chica de los ojos oscuros. Había algo en ella que me agradaba. Parecía inteligente, sensata y fiable. Pero, al mismo tiempo, sus ojos reflejaban gran intensidad, por lo que deducía que sabría exactamente qué camino seguir para llegar a ser adolescente.

En ese preciso instante, decidí que quería ser su amiga.

La señorita Fischer nos presentó al personal administrativo y nos señaló adónde debíamos acudir si teníamos algún problema. Nos dijo que el personal, los profesores, los consejeros y administrativos estaban a nuestra disposición. Luego nos sonrió con calidez y nos despidió para que fuéramos a clase.

Nos desparramamos hacia fuera del auditorio como un río, entre charlas, risas, pantalones, sudaderas y camisetas de los Pacers.

Nos apresuramos hacia las aulas y aprendimos cómo llegar al gimnasio, a la sala de música y a la biblioteca, donde había más libros de texto y cuadernos de los que había visto en mi vida. La señorita Fischer tenía razón en que iba a ser un gran desafío, sobre todo con los laboratorios de ciencia, los escritos a máquina y las ecuaciones algebraicas.

Durante el recreo, volví a ver a la chica de cabello oscuro, que llevaba un estuche con un instrumento musical. Probablemente, un violín. Se debía de haber dado cuenta de que la miraba porque alzó la vista en mi dirección. Yo le sonreí al instante. Ella aguardó un momento mientras me observaba con cautela hasta que noté que esbozaba una sonrisa.

¡Dios mío! Un mundo nuevo comenzaba para mí y para todos los demás chicos.

Así era la cosa. Yo tenía doce años, casi una adolescente, y mi vida estaba llena de posibilidades.

El folleto

¿Viste que la gente dice que todo sucede por una razón? Yo creo que realmente es así.

Los mejores regalos siempre llegan inesperadamente, sin explicaciones. A veces, ni siquiera parecen regalos, pero los aceptas porque se te presentan y decides probar suerte.

Años más tarde, cuando vuelves sobre tus propios pasos, te das cuentas de que *aquel* fue el punto decisivo que cambió toda tu vida aunque, en ese momento, no lo supieras.

Sucede constantemente. Perder una conexión de tren, por ejemplo. Una decepción al principio, hasta que la persona recuerda que dejó la bolsa con dinero en el auto y las luces encendidas. O mejor aún, tener una conversación con un desconocido mientras esperas el siguiente tren. Cincuenta años después son una pareja con tres hijos y ocho nietos, que está por celebrar las bodas de oro.

Ese tipo de cosas.

O tal vez, gracias a una correspondencia que recibiste al azar cuando eras pequeño, eres capaz de hablar en público con convicción y confianza.

En mi caso, se trató de un folleto.

Tenía ocho años cuando vi sobre la mesada de la cocina aquel folleto colorido que brillaba entre las pilas de facturas y las correspondencias aburridas de los adultos.

En la portada, había una foto de una chica con un vestido resplandeciente y una corona en la cabeza. Era una invitación para participar en algo llamado "certamen de belleza Miss Sweetheart".

Me estaban invitando *a mí* a que formara parte.

Sentí que el corazón me iba a estallar de alegría. Con mamá siempre veíamos los concursos de belleza y solía mirar con envidia a las reinas de los desfiles, que saludaban a la gente como si fueran verdaderas princesas. Mi juego favorito consistía en disfrazarme con los pañuelos de mi mamá y hacer de cuenta que yo también era una de esas reinas. ¡Era mi oportunidad para hacer realidad mi sueño!

De acuerdo, mirando hacia atrás, admito que probablemente les hubieran enviado el mismo folleto a todas las chicas de mi edad en Indiana. Pero en aquel entonces no lo sabía. Creía que sinceramente me querían *a mí*.

—Por favor, mamá —le rogué casi sin aliento, luego de correr hacia su habitación y mostrarle el folleto—. Por favor, por favor, por favor.

Estaba demasiado segura de que me iba a decir que sí. En ese sentido, nunca había sido como las otras madres que casi siempre empezaban con un no. *No, no puedes comer galletas. No, no puedo llevarte al parque. No, no tengo tiempo para actuar de cliente en tu restaurante imaginario.*

Pero mi madre no era así. Su primer instinto siempre era sí. *Sí* a las galletas, *sí* al parque, *sí* a ser cliente del restaurante imaginario y *sí, por supuesto que quiero otro plato de espagueti.* Por eso todos mis amigos la querían, y amaban venir a jugar a mi casa. Y también es la razón por la que allí en su dormitorio, con el folleto en la mano, estaba ciento por ciento segura de que me dejaría participar del certamen.

Pero, esta vez, mamá simplemente frunció el ceño y permaneció en silencio mientras examinaba cuidadosamente el folleto.

—No lo sé, querida —dijo por fin, luego de sacudir la cabeza.

Volví a observar el folleto que tenía en las manos. El cabello de la chica le caía en cascada sobre los hombros y su vestido se parecía a la más suave de las nubes. Lucía confiada y feliz. No entendía por qué mi madre no quería que yo disfrutara de eso mismo.

—Mamá, por favor… —rogué.

—Paige —dijo ella, alzando la vista hacia el techo—. Hay cosas que no comprendes, ¿de acuerdo? No quiero que salgas lastimada.

—No saldré lastimada —afirmé—. Voy a ganar —estaba convencida de eso.

—Lo voy a pensar —señaló tras una pausa.

No sé cómo hizo para pensar con todo lo que la fastidié al respecto.

—¿Puedo participar del concurso? —le pregunté hora tras hora durante aquella noche.

—¿Puedo? —repetí en el desayuno.

—Me dejarás participar del certamen, ¿no es cierto? —insistí de camino a la escuela.

—Vi muchos concursos en la televisión —le dije cuando me retiró del colegio al final del día—. Las chicas ganan dinero que reservan para la universidad.

A veces escuchaba a mi madre hablar sobre dinero. Siempre decía que no le pagaban lo suficiente en su trabajo de camarera en la Legión Estadounidense.

—¿*Tenemos* dinero para mi universidad?

—No, Paige, no lo tenemos todavía —respondió con tranquilidad.

—Oprah Winfrey participaba en certámenes y mira lo bien que le fue —dije antes de dormir. Sabía que a mi madre le encantaba Oprah.

—Lo estoy pensando, Paige —me respondió después de darme un beso.

Y realmente lo estaba haciendo. Pero no estaba pensando solamente en un sí o en un no, sino en las cosas que yo no sabía sobre mí misma. Se preguntaba qué pasaría si descubrieran que tenía VIH. ¿Permitirían que una chica con VIH participara del concurso? ¿Qué pasaba si nos presentábamos y me rechazaban? Saldría más lastimada que si no hubiera ido.

Pero, al mismo tiempo, estaba considerando otra cuestión: ¿por qué una chica con VIH *no podría* participar de un certamen de belleza? Mi enfermedad no me impedía hacer lo que las otras concursantes hacían. ¿Qué podría salir tan mal?

—¿Puedo? ¿Puedo? ¡Por favor! —insistí a la mañana siguiente.

—De acuerdo —suspiró ella, al mismo tiempo que cerraba los ojos y sacudía la cabeza. Me daba cuenta de que se preguntaba en qué nos estaría metiendo.

—¡Gracias, mamá! ¡Gracias, gracias, gracias! —apenas abrió los ojos, me abalancé sobre ella.

—Eres demasiado joven —murmuró ella de forma tal que se notaba que no me hablaba a mí—. El mundo es muy complicado y tú eres muy joven.

—No te preocupes, mamá. Voy a ganar. Te prometo que me amarán.

—Sí, te van a amar, Paige. Lo sé —me susurró al oído, abrazándome con fuerza.

Mi mamá siempre decía que sí… incluso a Disney World. Aquí estoy cuando cumplí siete años, celebrando con Donald y sus amigos.

Tomando un poco de sol con mamá en la playa Myrtle de Carolina del Sur.

Clarkstown

YASMINE

¿Recuerdas a la chica que vi en el auditorio el primer día de sexto grado? La conocí al poco tiempo en el comedor. Su nombre era Yasmine.

—¿Qué haces? —le pregunté mientras abría una bolsa de papas fritas.

—Me gusta el fútbol —respondió.

Reí al mismo tiempo que le ofrecía la bolsa.

—No, me refiero a que te vi llevando un instrumento musical —dije—. ¿Era un violín?

—Una viola, que es similar. También toco el piano. ¿Tú tocas algo?

—No, pero me encanta cantar.

Ella asintió.

—Y también me gusta el fútbol.

—Genial —rio ella.

Nuestra relación empezó con esa facilidad. A partir de aquel día, nos sentamos juntas durante el almuerzo y nos pasábamos notas en el corredor. Semanas después, Yasmine se convirtió en mi primera mejor amiga.

Al poco tiempo, aprendí de memoria el recorrido de tres kilómetros de distancia que separaba nuestras casas. Incluso ahora, varios años después, podría llegar a su hogar con los ojos cerrados. *Estamos pasando por los campos de la liga menor en la calle 73 al oeste, luego giramos a la derecha en la calle Ditch. A nuestra derecha, está la escuela primaria Greenbriar, a la que fue Yasmine; a la izquierda, la iglesia metodista Abundant Harvest United y la iglesia baptista Crossbridge.* En la ruidosa intersección con la calle 86 −con los lavaderos de vehículos, las cadenas de farmacias, los supermercados y una tienda de artículos de oficina−, los árboles son más frondosos y las casas, más grandes.

En la urbanización adonde vivía Yasmine, todos los jardines tenían los letreros de seguridad ADT, la empresa de alarmas domiciliarias. Al mirar por la ventana, veía mujeres trotando o empujando a niños corredores. Unas cuadras más adelante, parejas de señores mayores caminaban de la mano con viseras. Era un vecindario de golden retrievers, macetas en los escalones de las entradas y niños que se dirigían a la casa club con raquetas de tenis colgando de los hombros.

Por lo general, mi madre prefería que invitara a mis amigos a casa.

−Si estás aquí −decía siempre−, sé que estás a salvo, Paige.

Pero el padre de Yasmine era más estricto y su barrio era muy seguro, por lo que mamá cedía con la única condición de que pudiera llamarme siempre que lo necesitara.

Aquella leve ráfaga de libertad me emocionaba profundamente.

En la casa de Yasmine pasábamos horas y horas sin hacer nada. Algunas veces, nos sentábamos en los columpios de madera de un parque cercano. Otras, jugábamos al billar en lo que su familia llamaba el "gran salón", un lugar espacioso dentro de la sala principal. Nos tumbábamos en el piso y hablábamos sobre deportes, la presentación del coro, y sobre lo rápido que se formaban parejas entre chicos y chicas. Me gustaba la idea de tener un novio, pero los muchachos que veíamos todos los días me parecían tontos.

Mirábamos los perfiles de Internet de nuestros amigos y escuchábamos nuestra canción preferida –"Boston", de Augustana– una y otra vez, gritando la letra con toda nuestra fuerza: *She said I think I'll go to Boston, I think I'll start a new life, I think I'll start it over, where no one knows my name . . .*

En algunas oportunidades, pasábamos el tiempo con Lila, su hermana mayor, y Madison, la mejor amiga de ella. Ambas estaban en octavo grado y nos compartían su sabiduría de sexto grado; cuáles eran los profesores más exigentes, cuáles se darían cuenta si nos copiábamos y cuáles se enfadaban si no entregábamos la tarea a tiempo.

Me encantaba estar allí. Me sentía como en mi segundo hogar.

❖ ❖ ❖

Un día en que las hojas ya habían cambiado de color, mi madre me llevó a lo de Yasmine, quien debía de haberme estado esperando en la ventana porque, apenas doblamos hacia la entrada, salió corriendo de la casa.

—¡Paige! —exclamó apresurándose hacia el vehículo con las mejillas sonrosadas—. ¡A que no sabes!

Más adelante, me enteraría de que la familia de Yasmine descendía de un linaje noble exiliado de Medio Oriente. En el momento en que escuché ese rumor, recordé de inmediato aquel episodio de ella apresurándose a nuestro encuentro con los pies descalzos. Parecía ser la persona más humilde y con los pies en la tierra que había conocido.

—Hola, Yasmine —saludó mi madre mientras bajaba la ventanilla.

—Ah, hola, señora Rawl —la saludó Yasmine, completamente entusiasmada, sin dejar de dar pequeños brincos. Fuera lo que fuere, no podía contener la emoción.

—¿Qué pasa? —exclamé saltando del auto—. ¿Qué pasó?

—Paige —interrumpió mi madre—. ¿Qué tienes que hacer?

—Llamarte a las cinco de la tarde en punto —repetí de la misma forma que lo hacía cada vez que me llevaba allí. Yasmine y yo intercambiamos miradas y esbozamos una leve sonrisa. Ella ya sabía cuánto se preocupaba mi madre.

—Así es —dijo mamá—. Llámame para que sepa si estás bien. Ahora ven y dame un beso.

—*Adiós*, mamá…

—Bueno, ¿qué es lo que te tiene tan entusiasmada? —me volví hacia Yasmine una vez que mi madre se fue.

—Mi padre nos permitió a Lila y a mí que hiciéramos una fiesta en la casa club para festejar nuestros cumpleaños —cerró los puños y los agitó, emocionada, por encima de la cabeza.

Nunca había entrado a la casa club del vecindario, pero siempre que pasaba veía una enorme araña colgando de la ventana de dos pisos. El edificio tenía un balcón que daba a una piscina, unas macetas y una verja de ladrillo y hierro que cercaba las instalaciones.

—¡¿En serio?! —grité.

—¡Sí, sí! —comenzamos a saltar allí mismo en la carretera.

—¡Dios mío! ¡Quiero que sea ya! —exclamé.

Una vez dentro de la casa, nos tumbamos en el suelo del gran salón y pasamos la tarde soñando con la fiesta. Aunque faltara medio año, no podíamos pensar en otra cosa. Disfrutaríamos de la música, la piscina, la cena fría y las barras de postres. Asistirían chicas y chicos, y las mesas estarían cubiertas por sombrillas celestes y blancas, y rodeadas por árboles y jardines. Haríamos un brindis con gaseosas por Yasmine y Lila, por la amistad, por el verano y por el crecimiento.

Hablamos hasta el anochecer sobre las posibles combinaciones de colores para la fiesta, sobre la importancia de los globos y las serpentinas, y sobre la lista de invitados.

Luego sonó mi teléfono. Era mamá y me había olvidado de llamarla.

—Mamá, lo siento mucho —respondí—. Me olvidé por completo.

—Estaba preocupada —dijo ella con aspereza. Segundos después, añadió con la voz más aliviada—: Solamente quería saber si estabas bien.

—Mamá, ¿qué me podría pasar? Estoy en la casa de Yasmine.

—Lo sé —suspiró—. Lo sé. Es que me preocupo.

Puse los ojos en blanco.

—Lila y yo vamos a organizar una fiesta de cumpleaños en la casa club, señora Rawl —exclamó Yasmine, acercándose al teléfono.

—¡Qué divertido! —gritó mi madre.

—Bueno, mamá, ahora que sabes que estoy bien, voy a cortar —me volví hacia Yasmine—. Tu fiesta será de película.

—Lo sé, ¡no veo la hora de que llegue el día!

—Ojalá fuera mañana —suspiré.

Papá

Probablemente te estés preguntando por mi padre. No puedo culparte. Yo también me pregunté por él durante mucho, mucho tiempo.

Pero tengo solo un recuerdo para compartir. Literalmente es solo uno y no es el típico recuerdo alegre de padre e hija.

En marzo del 2001, cuando tenía seis y estaba por terminar el año de jardín de infantes, mamá y yo estábamos sentadas en la sala viendo televisión cuando, de pronto, recibimos la llamada. Habían pasado tres años desde que nos habían diagnosticado VIH. Desde aquel entonces, no habíamos vuelto a ver a mi padre y ya no guardaba ningún recuerdo de él, sino que era un completo extraño para mí. Del otro lado del teléfono, los padres de papá le dijeron a mamá que él estaba internado en un hospital de Georgia. Había sufrido una fuerte infección a causa del sida y no le quedaba mucho tiempo de vida. Si mi madre quería que yo volviera a verlo, tenía que llevarme de inmediato.

Era muy pequeña, por lo que lo único que sé es que, a la mañana siguiente, subimos al auto y viajamos hasta el atardecer.

Tengo una fotografía de aquella visita. Mamá la tomó porque sabía que era la última que tendríamos juntos. Estoy sentada en el borde de la cama de hospital. No sonrío, como de costumbre, sino que estoy mirando fijamente a la cámara, con bastante seriedad. Mi padre está recostado detrás de mí con la boca abierta y los ojos cerrados. A nuestro costado, hay un ángel de peluche que le llevé de regalo y que en el centro tiene un corazón con una funda de plástico transparente. Adentro de ella, pusimos una fotografía de mi rostro sonriente. Hay un gran contraste entre esa imagen alegre y mi cara seria. Parece que estuviera sentada junto al recuerdo de una vida feliz.

Durante la visita, mi padre intentó hablarnos a ambas. Abría y cerraba la boca, pero solamente logró emitir un sonido ronco. Brotaban lágrimas de sus ojos, que caían como oscuras manchitas redondas sobre la cama de hospital. Luego de un tiempo, dejaron de caer. Al volver a abrir la boca, supe que se había quedado dormido.

Al día siguiente, cuando me desperté en la habitación del hotel, mamá me dijo que mi padre había muerto durante la noche.

Jamás sabré lo que intentaba decirnos.

A decir verdad, jamás comprendería a mi padre.

Mi padre y yo en mi primera fiesta de cumpleaños.

En marzo del 2001, la última vez que vi a mi padre. Yo era demasiado pequeña como para entender lo que estaba pasando y por qué papá estaba tan enfermo.

Clarkstown

RISAS

Una mañana de sexto grado, justo antes del almuerzo, uno de mis compañeros le contestó con insolencia a una profesora. En consecuencia, la señorita Fischer castigó a toda la clase; no podíamos pronunciar alguna palabra durante la hora del almuerzo. Permanecimos en silencio mientras desenvolvíamos los bocadillos y abríamos los pequeños cartones de leche. Una vez que terminamos de comer, formamos una fila para regresar a la clase.

En aquel momento, una chica se volvió hacia mí, infló las mejillas y abrió los ojos de par en par. Parecía un globo a punto de explotar y salir volando por el corredor. Duró tan solo un segundo, pero fue suficiente para que yo soltara una carcajada. De inmediato, me tapé la boca con la mano, pero ya estaba temblando de la risa y no podía parar.

El supervisor me mandó a la oficina de la señorita Fischer, donde la situación dejó de parecerme graciosa.

Allí había muchos otros alumnos de sexto grado; aparentemente, a más de uno le había costado contener las carcajadas.

La señorita Fischer se cruzó de brazos y nos miró con una expresión severa. Nosotros bajamos la vista y nos balanceamos sobre nuestros pies con incomodidad.

—Quiero que escriban un ensayo argumentando las razones por las que no debo suspenderlos —dijo a todo el grupo—. Si no lo entregan mañana, *serán* suspendidos.

Me ruboricé y mantuve la vista fija en mi calzado deportivo. Aquella noche iría a la casa de Yasmine; de hecho, había terminado la tarea antes para poder ir. Pero si tenía que escribir ese ensayo, sería imposible.

Cuando le conté a mi amiga que no podía ir a su casa porque tenía que hacer el escrito, abrió los ojos de par en par.

—¿De veras tienes que hacerlo?

—Sí.

—¿Por soltar una carcajada?

—Así es —respondí. Estaba agradecida de que ella se mostrara tan sorprendida como yo. Detestaba meterme en problemas y, de alguna forma, la reacción de Yasmine me hacía sentir que no había hecho algo tan malo.

—¿Sobre qué vas a escribir?

—No lo sé —me encogí de hombros—. Pero me gustaría decir que no me parece que tengan que suspender a alguien por reír.

—Me siento muy orgullosa de ser la directora de la secundaria Clarkstown —Yasmine hizo una imitación perfecta—. Y declaro que la felicidad es un delito que se castiga con la suspensión.

Esbocé una amplia sonrisa. Yasmine siempre me hacía sentir mejor.

—Estoy muy orgullosa de ser la directora de los chicos que jamás ríen —continuó—. Si ríes, te castigaremos. En Clarkstown, preferimos que nuestros alumnos sean infelices.

Y en un abrir y cerrar de ojos, me sentía bien. Había estado angustiada desde el almuerzo por haberme metido en problemas y, de un segundo a otro, ya no me parecía algo tan importante.

Así sucedía con las mejores amigas; bastaba compartir con ellas la situación para que las penas pasaran.

Me gustaría explicar la razón por la que Yasmine y yo nos volvimos tan cercanas. Tal vez, si pudiera reducirlo a una simple fórmula —mi simpatía + su intensidad, o mi optimismo + su sensibilidad—, el momento en que se deterioró no habría sido tan fuerte.

Pero por supuesto que no es posible hacer eso. ¿Quién podría explicar la conexión entre dos personas? Lo único que sé es que, al comenzar sexto grado, disfrutaba de una amistad que nunca antes había experimentado. Casi no necesitaba a nadie más.

Confiaba plenamente en ella.

Primer concurso

Hoy en día, la gente conoce los concursos de belleza por los *reality shows* que pasan en la televisión.

Estos espectáculos tan cómicos suelen mostrar a madres exigentes que fuerzan a sus niñas a brincar sobre el escenario con sostenes rellenos y traseros falsos. Es indignante que, con tal de ganar, inciten a sus hijas a fumar cigarrillos de mentira, usar vestidos muy cortos o pelearse con otras niñas.

Por supuesto que eligen a esas familias por el rating. Lo sé muy bien, porque participo en certámenes desde hace décadas y ni una sola vez vi a una niña vestida como el personaje de Julia Roberts en *Mujer bonita*.

Para mí, los concursos representan la combinación de las cuatro cosas que más amo en el mundo: disfrazarme, cantar en un escenario, hablar en público y conocer nuevas amigas. Gracias a ellos, aprendí a enfrentar cualquier tipo de situaciones con la mayor calma posible, a mantener la elegancia bajo presión, a animar a los demás y a pensar en la comunidad.

Me gustaron desde el primer momento.

Después de tanta insistencia, mamá decidió anotarme en el concurso Miss Sweetheart del folleto. Fue una experiencia inolvidable. Me puse un hermoso vestido largo de encaje y satén, y mi madre me cortó el cabello para la ocasión (me había hecho un flequillo la noche anterior y doy fe que hizo un estupendo trabajo).

Lo que más me gustaba era estar detrás de escena con las otras chicas.

La primera amiga que me hice se llamaba Annie Edge. Era de mi edad y, aunque compitiéramos en la misma división, no nos sentíamos contrincantes. Como ella ya había participado de varios certámenes, decidió ser mi guía personal dentro de ese nuevo mundo. Mientras aguardábamos en fila para la entrevista personal, advertí que el jurado repartía bananas.

—¿Por qué les dan frutas? —le susurré.

—Hay que hacer de cuenta que es un teléfono —me respondió en voz baja—. A veces te piden que hables con alguien.

—¿Con quién?

—Con quien quieras. Asegúrate de mostrarte amable y madura.

Me gustaba la idea de usar la imaginación y, al mismo tiempo, actuar como una persona adulta. Si me daban una banana, llamaría a la doctora Cox y fingiría que me contrataba para trabajar como médica pediatra. *Sí*, diría. *Por supuesto, adoro a los niños.*

—¿Annie Edge? —exclamó un miembro del jurado.

—Deséame suerte, Paige —me dijo entusiasmada.

—Buena suerte —susurré. Realmente se la deseaba.

—A ti también —sonrió. Por el gesto que hizo, me di cuenta de que ella también estaba siendo sincera.

No me tocó la actuación con la banana sino que, en cambio, el jurado me preguntó si prefería ser una locomotora o un vagón de cola.

—Una locomotora —respondí con confianza. Y, luego de que el jurado me preguntó el motivo de mi respuesta, agregué—: Porque prefiero ser líder antes que seguidora.

Me sentía orgullosa de mí misma porque era difícil dar una buena respuesta a una pregunta al azar y en un sitio como aquel.

Estaba ansiosa por contarle a Annie cómo me había ido.

Más adelante, me hice otra amiga.

Estábamos ensayando para el desfile de ropa deportiva y yo pensaba que solamente tenía que mostrar mi atuendo: falda y blusa blancas con flores azules bordadas. Encendieron la música y alguien comenzó a describir mi vestimenta. Permanecí inmóvil, con una mano en la cintura, convencida de que eso era lo que debía hacer.

De pronto, una de las chicas más grandes, de otra división, apareció en el escenario. Era muy alta —incluso más que mi madre— y hermosa. Tenía el cabello rubio y largo, labios voluminosos y ojos azules.

—Necesitas una rutina —expresó. Cuando me volví hacia ella, esbozó una sonrisa—. Déjame mostrarte —me dijo que su nombre era Heather y luego me enseñó a desplazarme al ritmo de la música, a mirar por encima de mi hombro y a hacer una pausa para que la audiencia pudiera apreciar mis prendas.

—Muéstrate segura —agregó—. La confianza es lo más importante. Diviértete y sé tú misma.

Así lo hice. Seguí el ritmo de la música y di *un paso, otro paso y otro paso*. Después me volví, miré por encima de mi hombro y me dejé llevar.

Un paso, otro paso y otro paso, mientras sonaba la melodía. Me puse una mano en la cintura y saludé al público.

—¡Estupendo! Tienes mucha energía. Apuesto a que te irá muy bien —sonrió Heather con la mirada radiante.

Segundos más tarde, esta chica —que era lo suficientemente bella como para ser modelo o Miss Indiana— me abrazó.

¡Dios mío! ¡Qué divertido era estar allí!

El certamen pasó volando con sus torbellinos de risas, cambios de atuendos y chicas preguntando cómo se veían. Las participantes cantaron a todo pulmón, bailaron a tiempo y saludaron al público de todo corazón. Yo también hice lo mismo. Te aseguro que cada vez me sentía más confiada, como si estuviese creciendo de estatura por el simple hecho de estar allí. Me estaba transformando en una versión nueva y más amigable de mí misma.

Si hubiera podido detener el tiempo, lo habría hecho. Pero antes de que pudiera advertirlo, todo terminó.

—A que no sabes qué tengo en mi zapato —Annie me susurró, justo antes de que anunciaran a las ganadoras de nuestra división. Estábamos detrás de escena con nuestros vestidos brillantes, a punto de disfrutar de la gran final.

—¿Qué tienes? —le pregunté. *Que comentario gracioso*, recuerdo haber pensado. *¿Qué podría tener en su zapato ahora mismo?*

Las chicas iban saliendo al escenario una detrás de la otra.

Había llegado la gran final; estábamos por enterarnos de quién sería la ganadora.

Annie se sacó rápidamente el zapato y retiró un pedazo de papel escrito con su letra que decía: *La ganadora de la edición Miss Sweetheart de 2003 es… Annie Edge.*

Le sonreí de inmediato porque me parecía una idea estupenda y deseaba que también se me hubiera ocurrido a mí.

—*Apresúrense* —dijo uno de los organizadores—. Ya es hora.

Annie volvió a guardar la nota debajo del pie e, instantes después, salimos al escenario esbozando amplias sonrisas y saludando al público de todo corazón.

La música sonaba muy fuerte. De inmediato, las personas de la tribuna levantaron sus cámaras. Busqué a mi madre y la vi en las primeras filas, sentaba junto a la madre de Heather. Se notaba que ella también estaba contenta por haberme dejado participar porque estaba radiante.

Mientras el jurado nombraba a las ganadoras, mi madre y la de Heather se acercaron unos centímetros en señal de apoyo. Mamá se sujetaba la cabeza con las manos y la de Heather se frotaba el muslo. Ambas cerraron los ojos, como si estuvieran rezando.

Me alegraba que mi madre también se hubiera hecho una amiga que alentara por mí tanto como ella.

En el cuarto puesto no estábamos ni Annie ni yo. Nos miramos y esbozamos una leve sonrisa. Annie lucía muy confiada.

Luego, el jurado anunció el tercero y tampoco éramos nosotras. Noté que mi madre respiraba hondo.

De pronto, escuché mi nombre. ¡El segundo puesto era mío!

Lancé un grito ahogado. Desde la tribuna, mamá abrió los ojos de par en par y, con una combinación de orgullo y asombro, comenzó a aplaudir con fuerza y a gritar.

Me dieron un trofeo y un ramo de enormes rosas blancas. Yo los acepté con el rostro radiante.

Me palpitaba el corazón y me dolían las mejillas de tanto sonreír. Estaba tan emocionada que apenas escuché cuando el jurado nombró a la ganadora de nuestra división, que era nada más y nada menos que Annie.

Todos aclamamos con entusiasmo, pero creo que yo fui la que hizo más ruido.

*Muy sonriente luego de ser coronada segunda
en el concurso Miss Indiana Sweetheart.*

Abracé a Annie, a Heather y a muchas otras chicas. Mi madre, por su parte, creo que abrazó a todas las personas del lugar y, después, intercambió teléfonos con la mamá de Heather, lo cual significaba que la volvería a ver.

—Recuerda lo que te dije, Paige —dijo Heather—. Sé tú misma.

La volví a despedir con la mano, mientras mamá pasaba su brazo por encima de mis hombros y nos dirigíamos hacia el automóvil.

En el camino de regreso a casa —con las flores y el trofeo sobre el regazo— me quedé pensando en la nota que había escrito Annie: *La ganadora de la edición Miss Sweetheart de 2003 es... Annie Edge.*

Es una estupenda idea escribir eso y guardarlo en el zapato, pensé. En aquel instante, decidí que haría lo mismo el año próximo.

Estaba empeñada en que habría un año próximo. Me lo había prometido a mí misma.

En efecto, hubo un año próximo y muchos certámenes más.

Dicho y hecho, durante el concurso Miss Sweetheart del año siguiente, me deslicé una nota en el pie que decía: *La ganadora de la edición Miss Sweetheart de 2004 es… Paige Rawl.*

¡Y funcionó! ¡Ese año gané!

Annie, la Miss Sweetheart del momento, me entregó la corona con una amplia sonrisa. Me sentía demasiado liviana, como si en cualquier momento pudiera ser capaz de elevarme por los aires. Nunca antes había estado tan feliz.

Aquella victoria me enseñó que si creía firmemente en algo, podría hacerlo realidad.

Por supuesto que llegaría el día en que me daría cuenta de que no alcanzaba con el deseo, aunque fuera de todo corazón. Pero en los primeros años de los certámenes, cuando el mundo parecía abrirse a mi alrededor, lo único que tenía en claro era que la confianza superaba todo. Y, como yo tenía muchísima, podría cumplir *cualquier cosa* que me propusiera.

Me encantaba participar de los certámenes. Aquí estoy como anfitriona de Miss Indiana Sweetheart.

Clarkstown

XLI

En febrero, los Colts jugaron su primer Super Bowl desde 1971.

Semanas antes del Super Bowl XLI, empapelaron la ciudad con carteles azules de los Colts. El logo del equipo —una herradura invertida— aparecía en los jardines, en las ventanas de las tiendas, en las chaquetas, los sombreros y las mochilas, e incluso, en los pijamas de bebés.

El domingo 4 de febrero, Yasmine y yo disfrutamos juntas del partido en que los Colts vencieron 29 a 17 a los Chicago Bears bajo la lluvia. El defensor Peyton Manning concretó 25 de 38 pases, pese a que el suelo estuviera embarrado.

Fue la primera victoria de los Colts desde que habían partido de Baltimore para convertirse en el equipo local y, también, la primera victoria deportiva profesional de Indianápolis en casi treinta años.

Cuando el partido terminó, toda la ciudad estalló en aclamaciones.

¡¡¡¡¡¡Ganaron!!!!!!, escribí a mi madre casi de inmediato. Estaba segura de que ya sabría, pero quería decírselo.

¡¡¡Lo sé!!! ¡¡El mejor equipo del mundo!!, me respondió.

Pasé la noche en la casa de Yasmine, y Madison también se quedó como invitada de Lila. Estábamos tan emocionadas que casi no dormimos.

A la mañana siguiente, al subir al autobús escolar, todos los chicos llevaban la camiseta de los Colts y un grupo estaba hablando del desfile triunfal que harían los jugadores por la tarde.

—Ojalá pudiéramos ir —exclamó Madison con tristeza.

—Sí —dije yo. La noche anterior había sido muy emocionante. Era injusto que, mientras toda la ciudad festejara, nosotras tuviéramos que asistir a las aburridas clases de Clarkstown.

—Llamemos a mi mamá —dije de pronto, intercambiando miradas con Yasmine, Madison y Lila. Se me había ocurrido una idea.

—No nos dirá que sí —Lila puso los ojos en blanco.

—No lo sé —dije lentamente—. Tal vez sí.

Mientras más lo pensaba, más me convencía de que nos permitiría ir. Después de todo, mamá continuaba siendo la que siempre decía que sí.

Sí, podemos subir el volumen de la música.

Sí, las llevaré al parque acuático.

Sí a todo siempre y cuando tomes tu medicina, me llames y evites que me preocupe por ti.

Sí, sí, sí, siempre y cuando pueda estar contigo y sepa que estás a salvo.

—¿Podemos ir? —le rogué una vez que atendió el teléfono y le comenté acerca del desfile.

—Por favor, ¿podemos ir, señora Rawl? —gritó Yasmine en dirección al teléfono.

—¡Por favor, llévenos! ¡Por favor! —se unieron Madison y Lila.

Alcé el aparato para que ella pudiera escuchar las súplicas.

—… sus padres tienen que estar de acuerdo —estaba diciendo mamá cuando puse el auricular sobre la oreja.

—¡Dios mío! ¡Creo que está diciendo que sí! —susurré a mis amigas mientras tapaba el teléfono. Todas abrieron los ojos, estupefactas—. Pero solo si sus padres están de acuerdo.

Durante la siguiente media hora, nos dedicamos a hacer llamadas y promesas que finalmente funcionaron, gracias a la "fiebre de los Colts" que aparentemente nos había afectado a todos. Entramos en la escuela solo para guardar nuestras pertenencias dentro de los casilleros y, minutos más tarde, estábamos sentadas afuera de la sede central, observando a los chicos que llegaban.

En ese momento vi que se acercaba Amber, una de las porristas de séptimo grado. Tenía el cabello enrulado y siempre se lo peinaba en una cola de caballo, como si no le importara nada. Caminaba junto a su madre, que lucía muy joven —casi diez años más joven que la mía— y que era muy hermosa.

Pero algo andaba mal porque avanzaban muy despacio, como si Amber estuviera sosteniendo a su madre y ella diera pequeños pasos por miedo a caerse.

La mujer dio un traspié y Amber la tomó de la cintura para que mantuviera el equilibrio.

—¿Puedo ayudarlas en algo? —nos preguntó la muchacha, volviéndose hacia nosotras. Evidentemente, la habíamos estado mirando fijo.

Aparté la vista de inmediato.

—¿Alguna de ustedes podría ser un poco útil al menos y sostenernos la puerta? —ladró Amber.

Me puse de pie e hice exactamente lo que nos había pedido. Al atravesar el umbral, la mamá de Amber me sonrió.

—Gracias, Paige —dijo la muchacha en voz baja.

Segundos más tarde, llegó mi madre y nos abalanzamos sobre el automóvil, olvidándonos por completo de Amber, Clarkstown, las clases y los libros de texto.

Hacía muchísimo frío. El locutor de la radio decía que la sensación térmica era bajo cero.

Estacionamos en el centro y nos unimos a la multitud que aguardaba en la acera.

Las calles eran un mar de color azul y blanco. La gente llevaba carteles que decían: *Los amamos, Colts*, o simplemente, *Gracias, Colts*. Había equipos de cámaras profesionales en todos los rincones. Los autos que pasaban tocaban la bocina y los peatones levantaban el dedo índice como diciendo: *¡Somos los número uno!*

Tenía los dedos de las manos y de los pies entumecidos, pero no me importaba. La gente no dejaba de decir que aquella era una fiesta que ocurriría una sola vez en la vida.

Esperamos hasta que llegó la tarde y un hombre fornido que estaba allí comenzó a gritar: "Aguardamos todo el día, ¿no es cierto? ¡Ni hablar! Esperamos durante años. ¡¡¡Hagamos ruido!!!".

Los fanáticos respondieron con gritos y hurras.

Finalmente, se hizo de noche y los edificios que nos rodeaban comenzaron a encender sus luces. En ese preciso instante, sucedió.

Antes de verlo con mis propios ojos, supe que el equipo había llegado porque la multitud se puso frenética. Inmediatamente, todos alzaron los brazos en señal de victoria.

—Están aquí —me volví hacia Yasmine—. ¡Están realmente aquí!

Estiramos el cuello para observar por encima de todos los fanáticos. Como ella era más alta que yo, los vio primero.

—¡Allí están! —exclamó.

Empecé a saltar para echarles un vistazo hasta que finalmente los vi. Los Colts, nuestro equipo local, estaban *allí*, realmente allí. Algunos jugadores circulaban en carrozas; otros saludaban desde la parte trasera de camionetas.

Al principio, solamente podía ver los vehículos, pero luego pude distinguir a los jugadores con los brazos abiertos en señal de que recibían los gritos de la multitud con orgullo y júbilo.

Eran reales y de verdad estaban allí.

La gente vociferaba, sacudía los carteles y banderas, y gritaba mensajes de amor que eran imposibles de descifrar en medio de todo el alboroto. Me resultaba increíble que toda la energía de la ciudad estuviera enfocada en el mismo sitio.

El ambiente era electrizante, totalmente apasionante.

Luego Yasmine me jaló del brazo y vi a Peyton Manning justo enfrente de nosotras. Estaba dentro de un automóvil, con el torso afuera del techo corredizo, y no cesaba de saludar y sonreír a todos. Después de tantos meses de verlo en la televisión, allí estaba él en carne y hueso. De veras era *él*. Grité con todas mis fuerzas y lo saludé loca de entusiasmo.

"¡El jugador más valioso del equipo! —cantaban los fanáticos—. ¡El jugador más valioso del equipo!".

También comencé a cantar.

Cuando pasó cerca de donde estábamos, Yasmine y yo nos miramos y nos abrazamos.

Fue una experiencia fabulosa. El futuro nos deparaba triunfos infinitos.

Comprensión

Nadie permanece en la niñez para siempre. Así como había cambiado el vasito para bebé por cristalería, y la medicina en polvo por pastillas, a medida que crecía, prestaba mayor atención en las visitas a los doctores. No preguntaba demasiado, pero notaba que, en cada consulta, se repetían varias palabras, como VIH, sistema inmunitario, células T y carga viral. No conocía el significado, pero comencé a advertir lo seria que estaba mi madre y el alivio que ella sentía cuando la doctora Cox le leía los valores de mi historia clínica.

En cuarto grado, visité al dentista para hacerme un chequeo. Al echarle un vistazo a mi historial, que estaba sobre la mesa, observé que había dos palabras escritas a mano y marcadas con un círculo negro. Una era *Asma* y la otra, *VIH+*.

Al año siguiente, cuando pasé a quinto grado, escuché las palabras *VIH/sida* en una clase de salud. De inmediato, visualicé la sala de espera de la doctora Cox, que estaba cubierta de panfletos que decían: *Infórmese sobre el VIH/sida*. Luego recordé a mi padre recostado en la cama de hospital con los ojos llenos de lágrimas.

Empecé a asociar ideas.

Un día de primavera, cinco años después de la muerte de papá
—y poco tiempo antes de conocer a Yasmine—, mi madre me vino
a retirar de la escuela. Me mantuve en silencio durante casi todo el
viaje. Cuando llegamos a casa, con Radio Disney sonando en los
parlantes, le hice a mi madre una simple pregunta:

—¿Soy VIH positivo o negativo?

Mamá tomó aire y estacionó el vehículo. Me llevó a la cocina,
me hizo sentar en el alto taburete de la mesada —donde solía ser-
virme la comida—, se ubicó del otro lado, inclinándose hacia mí,
y me confesó la verdad: que había nacido con VIH.

Y que se trataba de una enfermedad de la sangre.

Habría deseado decírmelo antes, pero no sabía cómo hacerlo.

Era consciente de que aquello desataría interrogantes compli-
cados, como la causa de la muerte de mi padre.

No quería asustarme.

Me hablaría muchísimo más al respecto a medida que fuera
creciendo.

Ella también la tenía.

Todo iba a estar bien, siempre y cuando ambas tomáramos los
medicamentos y nos cuidáramos.

Luego me preparó mi comida favorita: espagueti con albóndi-
gas. Una vez que terminamos de comer, cantamos antiguas canciones con el programa de karaoke, una actividad que solíamos
disfrutar por las tardes. Cantamos y bailamos descalzas sobre la

alfombra del salón. A la noche, me acomodó en la cama, como de costumbre, y me dio un beso en la frente antes de apagar la luz.

Me volví hacia un costado y me quedé escuchando el sonido de mi propia respiración.

Todo seguía igual pero, al mismo tiempo, todo había cambiado.

Piyamada en la escuela

Justo un mes después del desfile del Super Bowl, la secundaria Clarkstown organizó una piyamada en la escuela. Dividieron el edificio en varios sectores con distintas actividades: bailes, juegos de mesa, refrigerios, deportes.

Yasmine y yo pasamos de una estación a otra. Pedimos comida chatarra en el puesto de comida y bebimos gaseosas directamente de las latas; bailamos canciones de Justin Timberlake y Rihanna; observamos a los chicos que jugaban juegos de mesa y luego regresamos a buscar más refrigerios. La situación era muy extraña porque estábamos dentro de la escuela, pero, por única vez, solo teníamos que jugar, hablar y reír.

Más tarde, fuimos al gimnasio. Un grupo de séptimo grado –la mayoría varones– estaba jugando al baloncesto. Amber –la chica que sujetaba a su madre el día del desfile de los Colts– era la única mujer.

Lila y Madison estaban sentadas en el suelo junto con otras chicas. Yasmine se acercó a ellas y yo me quedé mirando el partido.

—Hola, Paige —me saludó Amber, por lo que me dirigí hacia ella.

»¿Es verdad que participas en concursos de belleza? —me preguntó.

—Sí.

—¿Usas vestidos de gala y esas cosas?

—Así es, prendas de noche.

—¿Trajes de baño?

—No —reí—. De hecho, para las entrevistas, usamos más bien ropa de iglesia. Vestidos o trajes formales.

—¡Uf! Detesto los vestidos.

Tomó uno de los balones y, alejándose de los muchachos, comenzó a caminar hacia los otros cestos.

—Ven a jugar —me dijo. Yo la seguí.

—¿Son los fines de semana? —me interrogó.

—Durante el verano, sobre todo.

—¿Alguna vez ganaste?

—Sí, pero una sola vez. También fui segunda.

No parecía la clase de chica a la que le entusiasmaban los concursos de belleza, así que no sabía si se estaba burlando de mí o qué.

—Estupendo —dijo, en cambio, impresionada.

Amber y yo nos turnamos para hacer tiros. Del otro lado del gimnasio, los chicos jugaban un partido más intenso. Estaban algunos de los mejores jugadores del equipo de baloncesto, como Kyle Walker, Michael Jepson y Devin Holt.

Entre ellos, había un chico con el cabello oscuro y desaliñado. Era enjuto y tenía el rostro alargado y delgado. No era guapo pero sonreía mucho y había algo en sus ojos que me atraía. Seguramente se dio cuenta de que lo estaba mirando porque alzó la vista hacia mí.

De inmediato, miré hacia el lado opuesto.

—¡Mierda! ¡Qué lindo que es estar fuera de casa! —exclamó Amber mientras driblaba—. Mi familia se tuvo que mudar la semana pasada y toda nuestra vida está dentro de unas cajas.

El balón que lanzó rebotó contra el aro.

—¿Por qué tuvieron que mudarse? —le pregunté.

—Mi madre tiene EM —respondió al mismo tiempo que tomaba el balón y me lo lanzaba.

—¿EM? —hice otro intento, pero el balón rebotó en el tablero y Amber la atajó.

—Esclerosis múltiple —dribló un par de veces y luego se detuvo—. Es la enfermedad en la que el sistema inmunitario ataca al sistema nervioso central. Un fastidio, ¿no es cierto?

Como no sabía qué decir, observé el partido de los chicos. El de cabello desaliñado pasaba con el balón por delante de Kyle.

—A veces, le resulta muy difícil caminar —continuó Amber—. Necesitábamos un lugar más pequeño para que no tuviera que desplazarse tanto.

—¡Eh! ¿Pero a quién estás mirando? —me preguntó al darse cuenta de que miraba a los muchachos—. ¿A Ethan?

Inmediatamente, me sonrojé.

Ethan es un chico estupendo, pero un poco tonto —dijo.

En ese mismo instante, Ethan levantó la vista hacia nosotras, como si hubiese recibido una orden. Al darse cuenta de que lo observábamos, empezó a correr por la cancha en cámara lenta y tropezó deliberadamente con su propio pie, lanzando el balón hacia adelante. Quedó acostado boca abajo con las piernas extendidas.

—Siempre hace cosas estúpidas como esas —dijo Amber, estallando de la risa.

Segundos después, Devin Holt tomó el balón que Ethan había arrojado, y lo lanzó en nuestra dirección.

—¿Qué mierda te pasa? —gritó Amber mientras lo volvía a arrojar.

—Lo siento —respondió volviéndose hacia mí—. La palabra que empieza con M es mi preferida —se encogió de hombros.

—No pareces ser la típica porrista —dije.

—Me gusta hacer ruido —respondió—, y detesto estar sentada. Hago cualquier deporte que me permita saltar y gritar. ¿Por qué? ¿Quieres ser porrista el año que viene?

Asentí.

—¿Quieres que te enseñe algunos pasos?

—¡Sí! —exclamé con entusiasmo. En aquel instante, me volví hacia Ethan y nuestras miradas se cruzaron, por lo que volví a ruborizarme.

—¡Dios mío! —dijo Amber, sacudiendo la cabeza—. No puedo creer que te guste *Ethan*.

En las primeras horas de la madrugada, poco tiempo después de lanzar tiros al cesto con Amber, Yasmine y yo nos acomodamos sobre una mesa afuera del gimnasio. Abrí el envoltorio de un Kit Kat, me crucé de piernas y comenzamos a hablar.

Estaba segura de que en el baño de mujeres había varias chicas mirándose al espejo, colocándose rímel espeso y pintándose los labios. Ni Yasmine ni yo usábamos mucho maquillaje, lo cual era un alivio. Me alegraba tener una amiga tan centrada.

—Estoy un poco preocupada —dijo ella de pronto, mientras sacaba caramelos de una caja de Nerds y se los comía.

—¿Por qué? —le pregunté. Pensé que sería una leve inquietud sobre algo de la piyamada, como que temía tener sueño y querer regresar a su casa.

Pero, en cambio, me contó algo que yo no sabía. Un pariente, que no estaba bien, iría a vivir con ellos. Le preocupaba la conducta errática de esa persona y el impacto de la enfermedad en su familia.

Me estaba confiando algo muy importante. Yo deseaba que se sintiera mejor y más acompañada.

—Todos tienen algo —le dije. Pensé en la mamá de Amber, que necesitaba un departamento más chico por su EM, y en los chicos en sillas de ruedas, con muletas y con la cabeza pelada que solía ver en Riley.

Luego le dije que yo también tenía algo.

Le dije que tenía VIH.

Si con la confesión cambió la expresión de su rostro y comenzó a mirarme de forma diferente, ni lo advertí. Pero era verdad que tampoco me esperaba esa reacción, ya que conocía varios chicos que tenían diabetes, problemas en las articulaciones o acné. Todos teníamos algo y el VIH era lo mío.

Se nos acercó un grupo de chicos y nos pusimos a hablar con ellos.

—Oye, Paige —Amber asomó la cabeza por la puerta del gimnasio—. Necesitamos una más para que nos ayude a practicar las subidas en L.

La subida en L era una de las piruetas principales de las porristas, que consistía en lanzar a una persona por los aires. Parecía fácil, pero yo sabía que requería mucho esfuerzo y práctica.

—¡Por supuesto! —exclamé.

Las chicas de séptimo grado me lanzaron por los aires hasta quedar de pie sobre sus hombros con los brazos extendidos hacia el techo. Lo practicamos varias veces.

Recuerdo que en ese momento me sentía muy feliz.

Un rato más tarde, me volví a reunir con Yasmine, que continuaba fuera del gimnasio con un grupo grande de chicos. Todo parecía igual que hacía una hora. Yo estaba sudada por la actividad física y, cuando uno pasó una botella de agua, bebí un sorbo y se la devolví.

—Cuidado —dijo un muchacho de séptimo grado—. No tomes después de ella porque tiene sida.

Tardé un minuto en registrar lo que había escuchado y otro más en asimilarlo.

Sin prestar atención al hecho de que yo no tenía sida, sino VIH, me di cuenta de que se estaba refiriendo a mí.

No me volví hacia Yasmine, pero sabía que ella también lo había oído.

Tiene sida.

Pero… espera.

Solo había una forma de que la gente supiera que tenía VIH.

No tomes después de ella.

Yo se lo había contado solo a una persona. A mi mejor amiga.

Un escalofrío me recorrió todo el cuerpo y empecé a sentir náuseas.

Si yo solo se lo había contado a Yasmine y ahora lo sabía más gente, eso significaba que mi amiga se lo había confiado a alguien más… probablemente mientras yo practicaba con las porristas.

Pero no podía ser cierto. Ella *no sería capaz* de hacerlo.

Tal vez se lo contó a Lila, pensé.

No tomes después de ella.

Y luego Lila se lo habría contado a otras personas, quienes, a su vez, se lo contarían a otras.

Había transcurrido tan solo una hora y todos lo que me rodeaban ya sabían.

Tiene sida.

Y en ese preciso instante y por la forma en que el chico había pronunciado la frase, me di cuenta de que mi VIH no era lo mismo que mi asma ni que los problemas de articulaciones de los demás. Evidentemente, el VIH no era una enfermedad común y corriente.

Yo no era común y corriente.

Todos continuaban mirándome. Tenía las mejillas sonrojadas, pero no sabía si se debía a un sentimiento de vergüenza o de ira. Seguía con la botella de agua en la mano y no me atrevía a pasársela a nadie más.

Inmediatamente después, sonó dentro del gimnasio una canción muy popular y todos se pusieron de pie para ir a bailar. Me quedé sentada allí con la botella de agua de la que nadie quería beber.

No comenté a nadie lo que había ocurrido ni cuando seguí los pasos de los chicos dentro del salón, ni cuando regresamos al puesto de comida para buscar palomitas de maíz. Tampoco dije nada durante el baile ni cuando mis compañeros empezaron a adormecerse y a ponerse tontos.

No tenía sueño ni me puse tonta.

No le volví a hablar a Yasmine en toda la noche, pero tampoco me enfadé, sino que fingí que no había ocurrido nada, que no había oído lo que habían dicho y que la gente no sabía nada. Lancé fuertes carcajadas y bailé con demasiado entusiasmo. Ocasionalmente, le echaba vistazos a Ethan y me preguntaba qué pensaría de mí si se enterara de mi enfermedad.

Lo que más me importaba en ese momento era formar parte del grupo.

Pero, durante toda la noche, no dejé de estar pendiente de dónde estaba Yasmine y de qué hacía. Tal vez esperaba una explicación.

Tiene sida.

Pero llegó la mañana sin ninguna explicación. Cuando terminó la piyamada, mi madre me aguardaba en el estacionamiento. Subí al vehículo y me quedé mirando la escuela.

—¿Te divertiste muchísimo? —me preguntó mamá al doblar por la calle 73. Estaba convencida de que el evento había sido fabuloso; en su mente no cabía otra posibilidad. Como no quería desilusionarla, apoyé la cabeza contra la ventana y mantuve la vista fija en el exterior.

—Sí, fue divertido —dije con un tono de voz triste—. Estoy cansada —agregué rápidamente, al mismo tiempo que encendía la radio.

De regreso en casa, mamá me observó de cerca mientras tomaba los medicamentos. Luego me acosté en la cama y me quedé mirando las paredes púrpuras y el ventilador de techo salpicado de manchas rosas y púrpuras.

Del otro lado de la puerta, escuché que mi madre abría el armario, retiraba sus pastillas del envase de plástico, las tragaba con el agua y volvía a guardar todo en su lugar.

De inmediato, me cubrí la cabeza con el cojín porque no quería pensar en que ella también tomaba medicinas. Simplemente no quería pensar en ella.

Me dolía el estómago.

Aquel día, no le conté a mi madre lo que había pasado en la piyamada. De hecho, se lo confesé mucho tiempo después.

Pocas horas más tarde de volver a mi hogar, Yasmine me habría llamado para comentar las novedades del evento. Habríamos hablado durante largas horas y luego les habríamos rogado a nuestros padres que nos permitieran reunirnos para conversar frente a frente sobre los chismes, pese a que hubiéramos hecho exactamente lo mismo por teléfono.

Pero mi teléfono no sonó. Yasmine no me llamó ni al otro día ni al siguiente, lo cual estaba bien porque, de todas maneras, no sabría qué decirle.

Niégalo

Aquella primavera, alrededor de un mes después de la piyamada, ocurrió algo relacionado con una nota, que ni siquiera hoy en día logro entender por completo. Varias veces intenté reconstruir ese día en mi mente para descubrir quién había estado detrás de todo eso y cuáles habían sido sus motivos.

Lo único que sé es que aquel día marcó el final de una parte de mi experiencia en Clarkstown y el comienzo de una nueva etapa.

Sucedió justo después del almuerzo, durante el que Yasmine y yo nos sentamos en los extremos opuestos de la misma mesa y ni siquiera hicimos contacto visual. Cada una hablaba y reía con los que tenía al lado. Actuábamos como si ninguna de las dos estuviera allí.

No había vuelto a hablar con Yasmine desde la piyamada o, mejor dicho, ella no me había vuelto a dirigir la palabra. De cualquier modo, se había distanciado de mí con la misma rapidez con la que nos habíamos hecho amigas a comienzo de año.

Me preguntaba si se sentiría mal por haberle contado a la gente lo de mi VIH. Traté de sonreírle varias veces en el corredor, creyendo que tal vez podríamos volver a empezar, pero ella ni siquiera lo notó.

De todas formas, aquel día, mientras me encaminaba a la clase de Ciencias Sociales, Yasmine pasó corriendo junto a mí con las manos sobre el rostro y los hombros encorvados. De inmediato advertí que estaba llorando. Me detuve a mirar cómo atravesaba el pasillo, el cual estaba repleto de chicos con libros de texto y mochilas.

Algunos meses atrás, no habría dudado en seguir sus pasos, atravesar la multitud de estudiantes, ayudarla y volver a hacerla sonreír.

Pero en ese momento sabía que ella no me permitiría hacerlo. Desapareció por la esquina y continué avanzando, pero un grupo de chicas me bloqueó el camino.

—Dios, Paige —exclamó una de ellas, acercándose demasiado—. ¿Por qué *harías* algo así?

—Sí —añadió otra—. Eres muy cruel.

Alcé la vista para observarlas. Sus miradas reflejaban enojo y disgusto.

Pero ¿a qué se debía todo esto? ¿Por qué *haría* qué cosa?

Sonó el timbre y me apresuré a entrar en el aula, pero el profesor me frenó frente a la puerta.

—Paige —expresó con calma—. La señorita Ward quiere verte en su oficina.

La señorita Ward era una de las consejeras escolares. Mamá tenía razón en que ellos generalmente lidiaban con los chicos problemáticos. Hasta entonces, Ward era la mujer con mucho maquillaje y amplia sonrisa que usaba tacones altos y ayudaba a los estudiantes. Tiempo atrás, había sido la profesora de Gimnasia de mi madre.

Pero ahora estaba segura de que me había metido en problemas aunque –lo juro por mi vida– no tuviera ni idea de por qué.

–Vamos, Paige –me dijo el profesor, luego de que lo mirara fijo para descubrir algún indicio de lo que había hecho–. Estaremos aquí mismo cuando regreses.

Minutos más tarde, toqué tímidamente la puerta de la oficina de la señorita Ward.

–Paige –comenzó ella alzando la vista–. Por favor, toma asiento –hizo un gesto en dirección a una silla que estaba del otro lado del escritorio.

Obedecí.

Ella se acomodó sobre su silla, se cruzó de brazos y permaneció en silencio durante un largo rato.

¿Acaso yo debía hablar primero? De ser así, ¿qué tendría que decir?

Había varios diplomas enmarcados sobre la pared. Me quedé esperando, al mismo tiempo que observaba la ventana abierta del fondo.

–Paige –dijo ella finalmente–. Me gustaría saber qué estabas pensando cuando escribiste esa nota.

—¿Qué? —pregunté.

—La nota que pusiste en el casillero de Yasmine —respondió—. Me gustaría saber por qué escribiste semejante barbaridad.

Intenté reconstruir lo que estaba diciendo. Hacía mucho tiempo que no dejaba notas en el casillero de Yasmine. ¿Habría encontrado alguna previa a la piyamada? Pero ¿por qué aquello sería un problema?

—¿Qué nota? —pregunté, confundida, a la señorita Ward.

Ella frunció el ceño y me observó detenidamente por unos segundos. Luego tomó un pedazo de papel y me lo alcanzó.

Tenía las uñas perfectamente pintadas de rojo brillante y, por un breve instante, me pregunté si serían postizas.

Como no tomé el papel de inmediato, ella empezó a sacudirlo. Finalmente, lo sujeté y lo miré, pero no reconocí la letra.

Aun así, sobresalían varias palabras, como *terrorista* y *vete a tu casa*. Un escalofrío me recorrió todo el cuerpo. ¡Oh, Dios mío, ni siquiera quería volver a mirarlo! Pero lo hice. Y al final de la página, estaba escrito mi nombre, como si yo hubiera firmado la nota.

Espera, pensé. Mi cerebro funcionaba con más lentitud de lo normal. *¿Por qué estaba mi nombre allí?*

Luego me di cuenta de que alguien debía de haber firmado con mi nombre para que pareciera que yo había escrito eso.

¿Alguien había firmado con mi nombre una nota donde se acusaba a Yasmine de terrorista? ¿Por qué harían una cosa así?

—Esto no es mío —respondí enseguida mientras le devolvía el papel, como si el solo hecho de tenerlo me pusiera en problemas.

Me miraba con tranquilidad. Evidentemente, la mujer no me creía.

—No escribí eso —repetí, intentando que cambiara de opinión.

Traté de unir las piezas de este loco rompecabezas. Honestamente, nada tenía sentido. Era mi nombre, pero no mi letra. Estaba en el casillero de Yasmine, pero no lo había puesto allí.

¿Por qué alguien haría…?

De pronto, me di cuenta de que alguien me odiaba demasiado como para querer meterme en problemas.

A esa persona misteriosa, quienquiera que fuera, no le importaba hacer llorar a Yasmine, perturbar un día escolar ni soltar una palabra como *terrorista*, tan llena de odio en aquella Indiana de 2007.

Tragué saliva y me froté la sien con los dedos. El mundo que me rodeaba comenzaba a cerrarse, al igual que la lente de una cámara enfocándose en un plano cada vez más acotado. De un momento a otro, desaparecieron las luces fluorescentes, las paredes de ladrillos, el ceño fruncido de Ward, todos mis problemas con Yasmine y el hecho de estar perdiendo clases por algo que no había sido mi culpa. Todo se redujo a un único pensamiento que no me podía sacar de la cabeza: *la gente me odiaba.*

—¿Estás diciendo que NO escribiste la nota? —la aspereza con la que lo preguntó me impactó.

Sacudí la cabeza, pese a que ya no estaba tan interesada en convencerla de mi inocencia como segundos atrás.

—No la escribí —respondí con calma.

La señorita Ward apretó los labios y me miró con detenimiento. Luego se puso de pie, caminó hasta la puerta taconeando, y llamó a uno de los miembros del personal que estaba afuera de su oficina.

—¿Podrías reunir escritos con la letra de Paige, por favor? —indicó con la voz cortante.

Regresó a su asiento —taconeando—, se cruzó de brazos, respiró hondo y frunció el ceño.

—¿Qué demonios está pasando aquí, Paige?

Entonces le expliqué que, desde la piyamada, Yasmine había estado divulgando entre todos los alumnos que yo tenía sida. *Tenía* que haber sido ella porque era la única de la escuela que lo sabía. También le conté que algunos chicos les decían a otros que no bebieran de mi misma botella, que susurraban en los corredores y que la gente me trataba como si estuviera contaminada.

Respiré hondo y me quedé observando, sin pestañear, el teclado de su computadora. Me había esforzado muchísimo por mantener la compostura, pero no lo lograba. Se me desfiguró el rostro y empecé a llorar con amargura.

—Apuesto a que ni la mitad de ellos saben lo que es el VIH —exclamé—. Simplemente lo están usando como excusa para ser crueles —estaba tan furiosa y triste que apenas podía pronunciar las palabras. Cuando terminé de hablar, me froté los ojos con la mano y la miré con impotencia.

—Bueno —comenzó la señorita Ward antes de detenerse y contemplarme con curiosidad—. Pero no tienes VIH… ¿no es cierto?

—Eh… —hice una pausa—. Bueno, en verdad, sí.

El rostro de la señorita Ward cambió por completo: primero se paralizó y luego palideció. Su piel se tornó tan blanca que parecía una máscara.

—Ya veo —apretó los labios y tragó.

Empezó a ponerse de pie, pero después volvió a sentarse. Cuando sonó el teléfono no lo atendió sino que se quedó inmóvil con la mirada vacía. Una vez que dejó de sonar, respiró hondo y esbozó una amplia sonrisa.

—De acuerdo —dijo alegremente—. ¿Sabes lo que podrías hacer? —se me acercó como si estuviéramos a punto de compartir un hermoso secreto—. ¡Podrías asegurar que no tienes VIH! —por el modo en que lo dijo, parecía que aquella fuera la respuesta que estábamos buscando.

Permanecí en silencio, intentando descifrar cómo era posible que su sugerencia fuera la solución, ya que yo *sí* tenía VIH y, si lo negaba, estaría mintiendo.

Me habían enseñado que mentir estaba mal.

Además, había otra cosa inapropiada en su mensaje que, en ese momento, no lograba poner en palabras.

De pronto, llamaron a la puerta. Era el miembro del personal que había reunido varios de mis trabajos: una composición, una prueba de vocabulario y una tarea. La señorita Ward y la otra señora compararon la nota con los escritos.

—No fue ella —dijo con calma la señorita Ward.

De acuerdo, pensé, *ya está*. Ahora podría volver a clase porque allí estaba la prueba de que *no había sido yo*.

Pero, en cambio, la señorita Ward salió rápidamente de la oficina. Minutos más tarde, regresó con otras tres personas—una consejera, el asistente principal y Yasmine—, y se acomodaron dentro de la sala. Yasmine estaba sollozando y no me miraba.

Quería acercarme a Yasmine y decirle que no había escrito la nota; que habían comparado mi letra con la del papel y claramente no había sido yo. Quería decirle: *¿Acaso no conoces mi letra? ¿No me conoces en absoluto?* Por alguna razón, también quería decirle que sentía mucho que hubiera recibido esa nota y que existiera aquel terrible abismo entre nosotras.

Lamentaba profundamente que la vida fuera tan confusa.

Pero no dije nada, sino que simplemente permanecí en silencio, aguardando a que alguno de los adultos tomara la iniciativa.

En vez de contarle a Yasmine que yo no era la autora de la nota, la señorita Ward levantó el teléfono y dijo:

—Voy a llamar a sus padres.

—¡No! —gritó Yasmine, con auténtico temor—. No llame a mi padre, señorita Ward, ¡por favor!

Estaba desconcertada. No podía entender por qué la señorita Ward quería llamar a mi madre. ¿Qué era lo que había hecho? Evidentemente, ella creía que había hecho algo. Pero no pronuncié palabra porque ella era la adulta a cargo con los diplomas en la pared. Me quedé en silencio, completamente avergonzada.

—¿Señora Rawl? —dijo la señorita Ward con voz tensa y alegre—. Necesito que venga a la escuela. Sí. Sí, tenemos un pequeño inconveniente. Así es. Sí, un problema con Paige y otra niña. Sí, de inmediato, por favor.

Poco tiempo después, la señorita Ward, la consejera de Yasmine, el asistente principal, Yasmine, Lila —también la habían llamado—, mi mamá y el papá de Yasmine nos apiñamos dentro de la oficina. Aparte de los sollozos de Yasmine, los suspiros ocasionales de Lila y el tictac del reloj, la sala estaba completamente silenciosa.

Luego la señorita Ward se aclaró la garganta.

—Parece ser —comenzó— que estas chicas tienen una especie de conflicto —explicó la situación, empezando por la nota que yo no había escrito. Con los ojos cubiertos de lágrimas, volví a decir que Yasmine había contado a los chicos que tenía VIH.

Y así fue como mi madre se enteró de que mi VIH ya no era un secreto.

A continuación, la señorita Ward entregó copias de la nota.

Pero no la escribí, quería gritar. Era verdad, jamás haría una cosa semejante. Además, ni siquiera pensaba lo que estaba escrito. Así como la infección invisible que tenía dentro de la sangre no cambiaba quien yo era, tampoco me importaban sus antecedentes familiares. Yasmine era simplemente una chica que tocaba la viola y el piano, que amaba a Augustana, que disfrutaba de jugar al pool en su gran salón y que pateaba la pelota de fútbol con más fuerza que toda la gente que conocía.

Era una niña, al igual que yo.

Además de eso, era mi amiga. No podía evitar creer que todo aquello era un malentendido que lograríamos superar. Si pudiera descifrar lo que debía hacer, podríamos volver a ser mejores amigas. Pensé que llegaría el día en que nos volveríamos a sentar en el columpio cercano a su casa, y en que tocaríamos música de nuevo en el piano familiar y reiríamos como solíamos hacerlo.

Si tan solo pudiera explicar algo (aún hoy no sé a qué me refería), eventualmente todo volvería a la normalidad. Tal vez era una locura esperar algo semejante o quizás el hecho de desearlo era la prueba de mi locura. Pero realmente lo esperaba. Creía en ello.

Todavía.

Aquella noche, recibí un mensaje de texto de Lila.

Lila: ¡¡¿¿Cuál es tu problema??!! No vuelvas a poner una nota en el casillero de Yasmine.

Yo: No fui yo. Jamás lo haría y ni siquiera sé lo que dice la nota.

Lila: Juro por por Dios que te golpearé con fuerza si vuelves a hablar con mi hermana.

Lila: Y esto no es una amenaza.

Lila: Es la verdad.

Pero sí era una *amenaza*. Hasta yo podía advertirlo.

Apagué la computadora, tomé un equipo de música portátil y entré en el baño dando un portazo. Una vez adentro, cerré con llave, puse la música a todo volumen, me senté en el borde de la bañera con los brazos alrededor de las piernas y empecé a balancearme hacia adelante y hacia atrás.

Me dolía el estómago, aquel estúpido órgano que siempre reflejaba lo que me pasaba.

Por encima de la música, escuché que mi madre golpeaba la puerta.

—¡Paige! —gritaba. Su voz parecía muy lejana y distante—. Baja un poco la música, cariño.

Déjame en paz. Simplemente, déjame en paz.

—¡Respóndeme, Paige! —vociferó mientras continuaba golpeando, hasta que, furiosa, me puse de pie, bajé el volumen y abrí la puerta con violencia.

—¡Vete de aquí! —le grité.

Por un instante, quedó boquiabierta. Estaba anonadada porque nunca antes le había hablado de esa forma ni le había gritado.

Pero no me importaba nada.

—Cariño, solo quería asegurarme de que estuvieras…

—Estoy bien —ladré—. ¿Me podrías dejar un poco tranquila, por favor?

—De acuerdo, pero simplemente…

Le cerré la puerta en la cara, subí el volumen de la música y me senté.

Detestaba estar en aquella casa y en aquel colegio. Odiaba todo.

En mayo de ese año, Yasmine cumplió doce. El fin de semana del Día de los Caídos, ella y Lila hicieron la gran fiesta en la casa club, de la que mi amiga y yo habíamos hablado tanto.

Podría reconstruirla en mi cabeza. El decorado con serpentinas y globos, las bandejas de plata con comida sobre pequeñas llamas, el repiqueteo de las pelotas de tenis en las canchas cercanas y el viento soplando sobre los toldos. Fue una noche cálida, perfecta para una fiesta de verano con piscina. Seguramente, los invitados nadaron, se zambulleron y chapotearon hasta altas horas de la noche.

Pude imaginarla, pero por supuesto que no estuve allí. La fiesta se llevó a cabo sin mí, como si yo jamás hubiera existido.

SEGUNDA PARTE

Tropiezos

Un nuevo año

Sé que se trata de una afirmación poco frecuente pero, cuando comencé séptimo grado, hubo un solo día en que, durante la clase de Álgebra, me sentí plenamente feliz.

Por supuesto que no se debía a la clase de Álgebra, sino a que me estaban pasando otras cosas buenas.

Animando al equipo de baloncesto en séptimo grado.
Estaba orgullosa de haber logrado formar parte del grupo de porristas.

Primero y principal, había logrado ingresar en el grupo de porristas. Todas las horas de ensayo con Amber y los brincos en mi casa habían dado sus frutos. Mejor aún. No solo formaba parte del equipo, sino que también la entrenadora me había asignado algunas de las piruetas. Y el uniforme era lo más hermoso que había visto: una falda azul con volados, una camiseta blanca entallada, una camiseta sin mangas que decía Wildcats, lazos azules y blancos para la cola de caballo, y un par de porras azules y blancas que, cuando las agitaba, crujían con un sonido muy agradable.

A lo largo del verano, había estado muy angustiada por el conflicto con Yasmine. Me habría gustado no gastar ni un segundo de mi tiempo en ella, pero su total y repentino rechazo me afectaba mucho. Por eso vivía aquella pequeña victoria —formar parte del grupo de porristas, los pompones, la falda, los lazos y todo— como un triunfo.

Si ella tenía pensado asistir a los partidos, tendría que verme.

Otra buena noticia era que me había hecho una nueva amiga llamada Mariah, que había ingresado ese mismo año en Clarkstown. Era extremadamente amigable y me hacía reír. Cuando nos conocimos, me contó que, durante el verano, había pasado tiempo con Yasmine y otros chicos, quienes le habían comentado que yo tenía sida y que debía mantenerse alejada de mí. Pero desde que había hablado conmigo el primer día de escuela, había decidido no escuchar las sugerencias de los demás.

Todo bien contigo —había dicho, encogiéndose de hombros.

Me ponía muy contenta que ella quisiera ser mi amiga y que probablemente organizáramos una piyamada ese fin de semana. Pero sobre todo me sentí muy feliz cuando, una mañana en que nos cruzamos en el corredor, me saludó con un fuerte grito, sin prestar atención a lo que podría decir el resto de mis compañeros.

En caso de que estés contando, yo le ganaba a Yasmine 2 a 0.

También sucedieron otras cosas. Me había unido a los Bluetter, un coro de chicas al que también asistía Amber. Nuestra profesora, la señora Kay, nos informó que podríamos llegar a cantar junto a otros grupos en Walt Disney World. Sí, *el mismísimo* Walt Disney World.

Y después estaba Ethan. Dios mío, Ethan.

El día anterior me había topado con él luego de las prácticas de porristas. Estaba vestido con el uniforme del equipo de fútbol —pantalones cortos y canilleras—. Había entrado en el gimnasio junto a varios compañeros; entre ellos, Kyle Walker y Michael Jepson. Apenas lo vi, había sentido mariposas en el estómago.

—Hola, Paige —me sonrió, mirándome directamente a los ojos. ¡Oh, Dios mío! Podría haberme quedado todo el día observando esa amplia sonrisa—. ¿Qué tal?

Sus palabras no era gran cosa, pero lo importante era que no había seguido a sus compañeros hasta el vestuario, sino que se había detenido para hablar conmigo. De hecho, sus amigos habían frenado por un instante, pero al ver que él se quedaba, continuaron avanzando.

Imagínate lo nerviosa que estaba.

Durante unos minutos intercambiamos preguntas como *¿Qué tal el verano? ¿Ahora eres porrista? ¿A quién tienes de profesor de Literatura? Sí, es exigente.* Me habría quedado hablando para siempre sobre aquellas pavadas. Me bastaba con estar allí con él, respirando el mismo aire que, en verdad, me resultaba completamente nuevo.

De pronto, pasaron algunos de los jugadores de fútbol, y uno de ellos hizo un fuerte ruido a beso. Me sonrojé y bajé la vista hacia el suelo.

—Bueno… —dijo Ethan, tan avergonzado como yo—. Me tendría que ir a cambiar.

Asentí, a punto de exclamar: *¡Nos vemos!*, pero él agregó rápidamente:

—Podríamos vernos algún día.

Puedes reír si quieres, pero si alguna vez estuviste enamorado a los trece años, comprenderás que en aquel momento sentía que podía volar.

—Sí, de acuerdo —respondí. Me resultaba difícil mirarlo a los ojos pero, cuando finalmente lo hice, no pude contener una amplia sonrisa.

—Bueno, entonces… —dijo esbozando una media sonrisa.

—Bueno.

—Te escribo, ¿de acuerdo? —preguntó luego de un minuto de silencio, durante el cual nos sonreímos.

—Genial.

Segundos después, se marchó haciendo *sonar* sus botines de fútbol contra el piso. Estaba tan contenta que podría haber bailado allí mismo.

Pero, en cambio, regresé a casa, me puse el uniforme de porrista y pasé el resto de la tarde practicando todos los pasos a lo largo de la sala y de la cocina. Hice una pirueta en el corredor y aterricé en el comedor. A mi madre la alegraba muchísimo verme tan feliz. La única razón por la que dejé de brincar fue porque me llamó Mariah. Llevé el teléfono a la habitación y cerré la puerta porque tenía que contarle lo de Ethan.

Al día siguiente, seguía de buen humor, incluso durante la clase de Álgebra, pese a que la profesora Yates hablara sin cesar sobre la raíz cuadrada y yo tuviera que hacer un gran esfuerzo para mantener la concentración.

El primer día de clases, la señora Yates nos había dicho que, si aprobábamos este curso de séptimo grado, el año próximo podríamos estudiar matemática en la secundaria de North City. También había afirmado que el álgebra era como todo lo que habíamos aprendido hasta el momento —sumas, restas, multiplicaciones y divisiones—, con la única diferencia de que uno de los números sería un misterio.

Nos había mostrado el ejemplo de $x + 4 = 9$.

"¿Qué cifra representa x?" –había preguntado.

Era una pregunta tonta y fácil de resolver —$x = 5$—, por lo que deduje que aquel era el punto; el álgebra era un término sofisticado para descifrar algo que *no* sabíamos a partir de algo que *sabíamos*.

Por eso, aunque quisiera pensar en Ethan, en el grupo de porristas y en Disney, hacía todo lo posible por prestar atención a los números y letras que ella escribía en el pizarrón. De pronto, noté que Yasmine levantaba la mano.

Ah, sí, cierto. Completamente incómodo, ¿no lo crees? En séptimo grado, Yasmine y yo compartíamos las clases de Álgebra, Literatura, Ciencias Sociales y Ciencias Naturales. Además, teníamos el mismo horario de almuerzo. Íbamos a pasar casi todo el día juntas.

Desde el comienzo, parecía haber un pacto tácito entre las dos ya que, en cada una de las clases, nos sentábamos en extremos opuestos y ni nos mirábamos.

O tal vez no se trataba exactamente de un pacto, sino de una competencia. Por lo tanto, si ella iba a esquivar mi mirada, yo también lo haría.

Cuando sonó el timbre y terminó la clase, cerramos los cuadernos y me dirigí al casillero. Una vez allí, me topé con una nota pegada en la puerta. Probablemente sería de Mariah, de Amber —quien habría pasado por el corredor de séptimo grado en su camino al gimnasio—, o quizá de Ethan.

La tomé con entusiasmo. *No necesito a Yasmine para tener esta experiencia*, me dije a mí misma al tiempo que la desdoblaba. *No necesito a Yasmine para recibir una nota en mi casillero, para planear piyamadas ni para tener amigos. Hay otras personas, como Amber y Mariah, que me escriben. Además soy porrista, formo parte del coro de Bluettes y el año próximo, cuando esté en octavo grado, pienso tomar clases de Matemática en la secundaria.*

Pero la nota no era de Amber ni de Mariah. Ni siquiera era una frase entera, sino solo cinco palabras:

No al sida en Clarkstown.

De inmediato, tomé conciencia de que estaba sola en el corredor. Los chicos que me rodeaban cerraban sus casilleros, levantaban libros del suelo y se llamaban unos a otros. Parecían distraídos y felices.

Pero al menos uno de ellos no era ajeno a mi situación.

Descifrar algo que no sabemos a partir de algo que sabemos.

Había muchas cosas que ignoraba: quién me había dejado esa nota, cuántas personas estaban involucradas y cómo se habían enterado de que tenía VIH. No tenía idea cómo podría cambiar el panorama.

Pero había una cosa que sí sabía. Lo que fuera que hubiese ocurrido el año anterior entre Yasmine y yo, con la estúpida nota que le mandaron y los chicos que no querían beber después de mí, aún no había terminado.

No bastaba con ser porrista ni con tener amigas. Ni siquiera tener un novio —si es que Ethan se convertía en eso alguna vez— sería suficiente. No podría hacer borrón y cuenta nueva.

Todo lo que me había pasado continuaría sucediendo y se tornaría cada vez peor.

Sonó el timbre y los estudiantes se apresuraron a sus clases. Poco a poco, el pasillo se fue vaciando hasta que quedé sola con aquellas palabras que seguían allí. *No al sida en Clarkstown.*

Tenía ganas de arrojar aquella nota lo más lejos posible. No la quería ver, sostener ni tocar. Pero tampoco quería que la vieran. Con las manos temblorosas, la rompí en mil pedazos, estrujé esos restos de papel y los tiré a la basura. Empecé a alejarme, pero luego regresé al cesto, empujé los restos de la nota hacia el fondo y los cubrí con papeles de otros chicos, un envoltorio de barra energética y una botella mitad vacía de Snapple. Me mordí el labio con tanta fuerza que me salió sangre.

Si hubiera podido, habría incendiado el tacho de basura.

Aun así, no derramé ni una lágrima.

No lloré cuando metí los libros dentro del casillero ni cuando lo cerré con un portazo. No lloré hasta estar a salvo dentro de uno de los baños de mujeres. Pero, una vez allí, me quebré por completo. Llegué tarde a la clase de Ciencias Naturales, con los párpados enrojecidos. Yasmine y yo nos volvimos a ignorar.

Un par de días más tarde, el equipo de fútbol de Clarkstown se enfrentó al equipo de la secundaria Lincoln. Mientras los jugadores entraban en calor, la tribuna se iba llenando. Las porristas ya estábamos preparadas para alentar.

Era el típico día en que mi madre suspiraría con aire un tanto melancólico y diría alguna frase tonta como *es el cuadro perfecto*. Y pese a que habría puesto los ojos en blanco si ella lo hubiese dicho, tenía que admitir que era un día muy bonito; estaba soleado, cálido, corría una leve brisa y había nubes esponjosas en el cielo.

Parecía que nada podría salir mal. Pero la realidad es que ocurren cosas malas con cualquier tipo de clima.

Las porristas estábamos practicando la última ronda antes de que comenzara el juego. Saltábamos hacia adelante y hacia atrás, poníamos las manos en las caderas y lanzábamos patadas. En breve, llegaría mi gran actuación: tres chicas me impulsarían por los aires y luego me atraparían.

Aquel movimiento se llamaba "lanzamiento a la canasta" y, cada vez que lo hacía, sentía que podía volar.

Dimos un paso hacia adelante, giramos y nos colocamos en la posición en forma de T.

—¡Griten todos como los Wildcats!

Observé la tribuna en busca de Ethan. Varios jugadores del equipo de fútbol ya estaban acomodados, por lo que deduje que Ethan llegaría pronto. O, al menos, eso esperaba porque quería que él me viera alentar al equipo.

Un paso hacia adelante, otro hacia atrás.

—¡Griten todos como los Wildcats!

Los brazos en forma de T y después sobre las caderas. Me sentía genial. Era *buena* en lo que hacía.

En aquel instante, escuché que alguien gritaba mi nombre. Cuando alcé la vista, advertí que Michael, Kyle y Devin —algunos de los chicos del equipo de fútbol— reían con demasiado ímpetu como para estar alentándome.

Di un paso hacia adelante y escuché con mayor atención.

¡Paige! ¡Paige!

No comprendía la relación entre las risas y mi nombre.

Posición baja en V, brazos cruzados sobre el pecho, posición alta en V.

De inmediato me di cuenta de que no estaban diciendo "Paige", sino *PAIDS*.

¡PAIDS! ¡PAIDS!

Aplauso, paso, puñetazo con el brazo derecho.

Los chicos reían a carcajadas y, cuando Kyle notó que los estaba mirando, me saludó con la mano:

¡Hola, PAIDS!

Aparté la vista y, por unos segundos, perdí el ritmo de las chicas, pero lo recuperé enseguida.

Inclinación hacia atrás, brazos enrollados, inclinación hacia adelante, otro rol.

Una vez que descifré lo que decían, no pude dejar de oírlos. Aunque diera pasos, saltara y gritara —siempre con una sonrisa en el rostro—, era muy consciente de que esos chicos estaban allí.

¡Arriba, PAIDS!

Sonó el silbato, señal de que el partido estaba por comenzar.

Los muchachos se movían como en cámara lenta; echaban la cabeza hacia atrás mientras soltaban ruidosas carcajadas. Se estaban riendo de mí.

De inmediato, cambié de opinión con respecto a Ethan. Realmente deseaba que no estuviera allí. ¿Y si había escuchado los comentarios de los chicos?

Por favor, Dios. Por favor, por favor. No dejes que venga al partido de hoy.

Ya estaba por llegar el gran momento en el que las chicas me arrojarían por los aires.

No sabía qué hacer con las risas. Probablemente no había nada que pudiera hacer.

Dos de las porristas se tomaron de las muñecas, formaron un cuadrado con las manos —sobre el que me impulsarían segundos después— y se reclinaron para preparar el movimiento. Una tercera se ubicó detrás de mí.

Era mi turno.

Me sujeté de los hombros de mis compañeras para subir a la base que habían formado con las manos. La tercera chica me dio un empujón desde atrás y luego unió sus manos a las de las otras, por si acaso.

Todo sucedió en pocos segundos.

Lo más importante era la concentración. Necesitaba olvidarme de que se estaban burlando de mí con aquellas sonrisas macabras. Tenía que concentrarme lo más rápido posible.

Ya lo hice antes, me dije para mis adentros. *Lo practiqué muchas veces*. Desplacé todo mi peso sobre las manos y me balanceé con la ayuda de sus hombros. Mis pies continuaban apoyados en sus manos entrelazadas. Las chicas se arrodillaron.

Allá vamos.

Teníamos solo un segundo y la precisión era todo.

Instantes después, ocurrió. Mis compañeras saltaron hacia arriba y me empujaron con los brazos. En ese preciso momento, usé toda mi fuerza para desprenderme de sus hombros y lo logré; estaba volando.

Lo único que debía hacer era ponerme en posición de salto —con las piernas estiradas y las rodillas trabadas— para que las dos chicas a mis costados atajaran mis piernas con los brazos, y la tercera sostuviera mi cabeza y mi cuello con gentileza.

Todo resulta muy sencillo y liviano cuando lo haces bien.

¡PAIDS!

Tal vez no pude ponerme en posición de salto por aquel nombre que gritaban o, quizá, la chica que debía sostenerme el cuello también estaba distraída. Pero lo más probable era que se debiera a algo tan simple como una reacción en cadena de situaciones malas, a pesar de que el día estuviera perfectamente soleado. Fuera lo que fuere, algo andaba mal.

Las chicas lograron sujetarme las piernas pero mi cabeza quedó fuera de su alcance. Todo mi cuerpo estaba inclinado hacia atrás y mi cabeza, en dirección al piso.

No duró más que una fracción de segundo, pero fue suficiente para formular el pensamiento: *Esto no está bien.* De manera intuitiva, acerqué la cabeza al cuello.

Mi espalda golpeó contra el suelo y se escuchó un fuerte crac.

Inesperadamente, me encontré recostada sobre el suelo. Era una sensación muy extraña y tardé unos instantes en recuperar la conciencia. Estamos acostumbrados a ver el mundo a través de nuestro estrecho campo de visión, que incluye rostros, pizarras, letreros femeninos en las puertas de los baños y placas del "Empleado del mes" en los restaurantes de comida rápida. Pero, de pronto, cuando menos lo esperamos, esas cosas ceden el paso a otras, como las nubes, el cielo azul o un avión que pasa.

"¡Paige, Paige! ¿Te encuentras bien?", gritaban varios rostros a mi alrededor.

En un abrir y cerrar de ojos, me di cuenta del alboroto de la tribuna y de los incesantes murmullos de *¿Estará bien? Escuché que se dio un golpe fuerte* o *Tal vez tenga una conmoción cerebral.*

También tomé conciencia del dolor. Me dolía tanto la espalda que sentía ganas de vomitar.

"No, no te muevas", exclamó alguien cuando intenté ponerme de pie.

Llegó la enfermera, me miró a los ojos y me preguntó adónde me dolía. Yo continuaba recostada de espaldas. Luego ordenó a un grupo de personas –Dios sabe quiénes eran– que me transportaran fuera de las vallas que bordeaban la cancha de fútbol.

Supongo que nos alejamos lo suficiente de la multitud, por lo que, si alguien deseaba verme, tenía que volverse.

Sonó el silbato y comenzó el partido. Alguien debía de haber llamado a una ambulancia porque, poco tiempo después, escuché una sirena distante que se acercaba. Mientras estaba echada, el mundo se tornaba confuso del otro lado de las lágrimas que inundaban mis ojos.

Si te estás preguntando si lloraba por dolor, vergüenza y desilusión, la respuesta es *sí*.

Unos hombres desconocidos vestidos de negro —seguramente técnicos de emergencias médicas— me acomodaron en la camilla y me subieron a la ambulancia.

Antes de desaparecer dentro del vehículo, vi dos cosas. En primer lugar, las siluetas de Kyle, Michael y Devin contra la luz del atardecer. Estaban en las gradas, pero no miraban hacia la cancha, sino que estaban girados sobre sus asientos observándome a mí. Tenían los hombros redondeados, lo cual indicaba que se encontraban relajados y cómodos.

De inmediato, giré la cabeza en dirección opuesta y divisé a Ethan. Estaba de pie, con el rostro inexpresivo y la mirada fija en mí y en esa horrible escena.

Finalmente, las puertas se cerraron y Clarkstown desapareció.

Habría deseado que se esfumara para siempre.

No permitas que te afecte

Cuando tienes VIH, estás acostumbrada a que la gente le preste demasiada atención a tu salud. Un resfrío nunca es un simple resfrío como para los demás chicos, porque siempre está el peligro de que el VIH haya matado demasiadas células inmunitarias como para que se cure pronto. Esa es la razón por la que mi madre me cuida tanto y me pregunta constantemente cómo me siento. Cada vez que tengo fiebre, suele llamar al doctor. Ya estoy habituada a todas esas cosas.

Luego de mi accidente como porrista, falté varios días al colegio. Estaba dolorida y tenía una lastimadura en la espalda pero, más allá de eso, me sentía bien. La escuela me envió una tarjeta del tamaño de un afiche, en la que muchos de los chicos habían firmado. Al estudiarla detenidamente, encontré los nombres de Michael Jepson, Kyle Walker y Devin Holt.

—Tírala a la basura —le dije a mamá. Cuando me preguntó por qué, me fui a mi habitación y cerré la puerta de un golpe.

No quería regresar, no quería regresar, no quería regresar. Pero, como estaba en séptimo grado, tenía que hacerlo.

Algunas semanas después de volver a clases, falté un par de días más a la escuela por una sinusitis con secreción nasal, dolor de cabeza y fiebre leve. Sinceramente, nada grave. Le podría haber ocurrido a cualquiera. En serio.

Pero, al regresar al colegio, advertí que los estudiantes se alejaban de mí cada vez que nos cruzábamos en los corredores.

Después de retirar algunos libros de mi casillero, noté que había un grupo de chicas que me miraban y susurraban en voz baja. Ni siquiera se gastaban en disimularlo, sino que, por el contrario, me miraban fijo con una actitud indiferente.

De inmediato, me acordé de Amber el día del desfile de los Colts.

¿Puedo ayudarlas en algo?, nos había gritado. Traté de imaginarme diciendo algo semejante a esas chicas, pero no me veía actuando con la misma agresividad que Amber. Por eso, continué ordenando los libros de forma prolija dentro de mi bolsa. Me sentía como un animal en el zoológico.

—¿Qué diablos le pasa a todo el mundo? —murmuré.

—Yasmine les dijo a los chicos que estabas muy, muy enferma —respondió Mariah suspirando.

—¡Puf! —cerré el casillero de un portazo—. Es tan… —ni siquiera pude terminar la frase.

Está bien. Yasmine me había dejado bien en claro que ya no éramos amigas, pero ¿acaso no podía dejarme tranquila? ¿Por qué continuaba hablando sobre mí?

En aquel instante, un chico regordete con una camiseta gris —con quien ni siquiera compartía clases— se me acercó.

—¿Es verdad? —me preguntó—. ¿Es verdad que te estás muriendo?

—Tuve sinusitis nada más —respondí, frunciendo el ceño—. Todos tienen sinusitis.

—¿Podrías apartarte, por favor? —le pidió Mariah al chico.

—Lo que digas… —se encogió de hombros. Me di cuenta de que no me creía.

—No está bien que hablen tanto de ti. Deberías decirle a alguien —agregó Mariah una vez que el muchacho se había ido—. Tal vez a la señorita Fischer o a la señorita Ward.

—Tal vez.

Pensé en la última vez que había visto a la señorita Ward. Estábamos en su oficina, esperando a mamá, y yo observaba sus uñas pintadas de rojo.

—Paige, no pueden ayudarte si no saben lo que te pasa —dijo Mariah—, ¿entiendes?

—Supongo que sí —respondí.

Más tarde, toqué la puerta del despacho de la señorita Ward por segunda vez. Me volví a sentar en la silla mientras ella entrecruzaba las manos sobre el escritorio y me miraba con sus pestañas maquilladas.

—Paige, ¿qué te trae hoy por aquí?

Le hablé sobre lo que habían divulgado los estudiantes durante mi ausencia, sobre la nota que había recibido —*No al sida en*

Clarkstown–, sobre el mensaje de texto que me había enviado Lila, y sobre mi nuevo apodo, PAIDS. También le conté que Yasmine –mi antigua mejor amiga– les había dicho a los chicos –al menos a Mariah– que no se me acercaran.

Le dije que sentía que estaba atravesando un campo minado. Como la señorita Ward me miraba con una expresión vacía, traté de explicarme mejor: no solo los chicos me hostigaban las veinticuatro horas del día los siete días de la semana, sino que también temía constantemente que las cosas salieran mal. Tenía miedo de que surgiera de repente un nuevo comentario o una nota. Por las mañanas, cuando me preparaba para ir a la escuela, me invadía un fuerte dolor de estómago. Clarkstown se había transformado en un lugar hostil. Aquel sentimiento era completamente nuevo y, en verdad, no sabía cómo hacerle frente.

Ansiaba que ella me ayudara a mejorar las cosas para que, de una vez por todas, terminara de vivir en aquel infierno. Quería que me asegurara que todo iba a estar bien, con una frase como "De acuerdo, yo me encargaré de todo".

Pero, en cambio, ella se quedó en silencio durante un largo rato y, cuando habló, sus palabras me desilusionaron por completo.

–Paige –comenzó–. ¿No te parece que la situación ya es lo suficientemente dramática?

Sus palabras eran tan distintas de las que esperaba que, por un momento, me costó entender lo que estaba diciendo.

Me quedé inmóvil, aguardando.

–Ya sabes que Yasmine es una alumna muy aplicada –dijo.

Tampoco me esperaba aquello. Repetí la frase para mis adentros: *Ya sabes que Yasmine es una alumna muy aplicada.*

Yo también, pensé. Pero no me atreví a decirlo sino que, por contrario, bajé la vista.

–Yasmine podría haber sido una amiga estupenda –sacudió la cabeza con tristeza.

Parpadeé en dirección a mis manos, que también tenía entrecruzadas y, de un segundo a otro, las aparté. *Podría haber sido una amiga estupenda.* ¿Qué significaba eso? Seguro que podría haberlo sido, pero ¿cómo seguía esa oración? ¿Si yo no hubiese tenido VIH? ¿Si ella fuera mejor persona? ¿Si yo lo fuera?

–Esta es mi advertencia –dijo la señorita Ward con disgusto–. ¿Entendido?

Asentí, pese a no haber comprendido nada.

Por un instante, traté de imaginarme cómo me veía la señorita Ward. Centenares de estudiantes pasaban por su oficina. Mamá tenía razón en que muchos de ellos se habían metido en problemas. Para la señorita Ward, Yasmine era una alumna ejemplar porque se sacaba las más altas calificaciones, tocaba la viola, hacía deporte y provenía de una familia de universitarios y trabajadores.

Si me estaba quejando de Yasmine –que se comportaba mucho mejor que los estudiantes que la señorita Ward frecuentaba–, entonces, *yo* tenía que ser el problema. *Yo* era la que estaba dramatizando la situación.

Me animé incluso a cuestionarme si realmente era *yo* la que estaba siendo dramática.

Pero la respuesta llegó de inmediato.

No. Definitivamente, esto no era un drama creado por mí. De hecho, si la situación continuaba de esa forma, podría matarme.

—Gracias, Paige —dijo ella—. Puedes regresar a clase.

—Gracias —respondí mientras me ponía de pie y caminaba hacia la puerta. Cada vez que recuerdo aquel momento, me arrepiento muchísimo de haber dicho la palabra *gracias*.

Me había quedado claro que mi problema era haber denunciado los incidentes. Tal vez la señorita Ward no se refería a eso, pero era lo que yo había entendido. También comprendí que no tenía que denunciarlos nunca más.

Para aquel entonces, ya toda la escuela sabía que tenía VIH. Me daba cuenta por la forma en que los chicos me señalaban y reían, como si estuviésemos en segundo grado y fuera la chica con piojos.

"La chica con sida...", murmuraban. "No la toques".

Una tarde, al ingresar en la clase de coro y acercarme al escenario, una de las chicas de octavo grado me sonrió. Estábamos practicando porque se acercaba el viaje a Disney World y la señora Kay trabajaba en el piano con algunos de los cantantes de la Calle 73, entre los cuales estaban Michael y Kyle que, de hecho, sonaban bastante bien. Todos los demás alumnos —los Bluettes incluidos– estaban desperdigados por todo el escenario. La chica en cuestión se llamaba Molly. Era rubia, de ojos celestes, y formaba parte del consejo de estudiantes, es decir que era la clase de muchacha que cualquier padre querría tener como amiga de su hija. *Molly es una chica muy agradable y buena*, dirían sobre ella.

Pero su sonrisa no era amable sino maliciosa.

–Holaaaaa, Paige –saludó ella. A su alrededor, varias chicas comenzaron a reír disimuladamente.

–Hola –respondí enseguida, antes de apartar la mirada.

–¿Cómo te…? –añadió Molly luego de echar un vistazo a sus amigas y volverse hacia mí.

–Si solo la saludas para entretener a esas perras, será mejor que cierres la boca –ladró Amber, antes de que ella pudiera continuar la frase. Se le acercó tanto que Molly tuvo que dar un paso hacia atrás–. Ni a Paige ni a mí nos importa lo que tienes para decir.

La muchacha echó un vistazo a sus amigas. La sala estaba en silencio e incluso la señora Kay nos observaba desde el extremo opuesto. Sentí que Michael y Kyle también fijaban la vista en mí.

–¿Ninguna respuesta? –preguntó Amber con desprecio mientras sacudía la cabeza–. Vete a la mierda, Molly.

–Amber –exclamó la señora Kay con tono severo.

–¿Qué? –contestó Amber de forma peleadora.

–No usamos esas palabras en Clarkstown.

–De acuerdo, señora Kay. Lo que guste.

–Amber… –fue la última advertencia de la profesora.

—Sí, señora Kay —respondió Amber recuperando la calma—. Está bien, lo siento.

—Valió la pena —me susurró finalmente.

Le sonreí intentando no prestar atención al hecho de que toda la clase me estaba mirando.

Me senté, saqué el teléfono y le escribí un mensaje a Mariah —*¿Cómo estás?*—, no porque tuviera algo en especial para decirle, sino porque necesitaba mirar hacia otro lado.

Después del ensayo, salimos al corredor con Amber.

—Gracias por lo de recién —le dije.

—No soporto a la gente hipócrita, ¿sabes? —puso mala cara—. Si no quieres ser amigo de alguien, no lo seas. Pero no lo critiques a sus espaldas y luego lo saludes haciéndote el gracioso para hacer reír a tus amigos.

—¿Me estuvieron criticando? —pregunté después de dejar que la información decantara.

—Sabes a qué me refiero —Amber se encogió de hombros.

Creía que sí. Caminamos un tramo en silencio y respiré hondo.

—¿Amber? ¿Alguna vez te sentiste avergonzada de tu madre?

—¿Por tener EM? —frenó de golpe y me observó. Temía haberla hecho enojar, pero lucía más bien sorprendida.

—Sí.

—¡De ninguna manera! —exclamó mientras retomaba la marcha. Su voz reflejaba total honestidad—. Mi mamá es mi mamá.

No hizo nada malo —se detuvo y añadió con calma—. Pero ella sí se siente avergonzada a veces. Yo le insisto en que no debería porque no es su culpa, pero ya sabes cómo es.

Asentí. Sabía perfectamente a lo que se refería.

—De todos modos, no dejes que esos idiotas te afecten, Paige.

—No lo haré —alcé el mentón para confirmarlo.

Realmente lo estaba intentando. Hacía la tarea, practicaba los saltos de las porristas y atravesaba los corredores con una amplia sonrisa, como imaginaba que debían hacer las porristas de séptimo grado. Durante los fines de semana, Mariah y yo nos pintábamos las uñas de los pies, nos hacíamos colas de caballo ridículas, reíamos sin cesar y comíamos Cheetos mientras mirábamos televisión. También le sonreía a Ethan cada vez que nos cruzábamos y, a veces, nos enviábamos mensajes por la tarde: *¿Qué estás haciendo? La tarea, ¿tú?* Dejaba que mi madre me alcanzara un postre en envase descartable y que me recordara que tenía que tomar mi medicina. Y, en algunas oportunidades, cantábamos las canciones de música country con el karaoke. A simple vista, todo parecía bastante normal.

Juro que hacía todo lo posible para que mis compañeros no me molestaran.

Pero al día siguiente, cuando entré a la cafetería, se me acercó un chico y me dijo: "Hola, PAIDS".

De inmediato, sentí ganas de esconderme dentro de un agujero.

El muchacho se quedó en su sitio con una amplia sonrisa, como si estuviera desafiándome a que le respondiera algo. O tal vez me quería demostrar que tenía el poder para hacerme eso y que yo no era capaz de detenerlo.

Quería gritarle algo, pero no sabía qué. Además, tampoco sabía cómo reaccionar cuando escuchaba que me decían PAIDS en los pasillos, de camino a la clase de Ciencias Naturales, junto a los casilleros, en el gimnasio y en la clase de Matemática.

Amber habría sabido exactamente qué responder. Probablemente algo como *Hola a ti también, estúpido*; quizá se habría acercado con un *¿De veras quieres hacer esto ahora?*, lo cual habría sido suficiente para que se echara hacia atrás; o habría ladrado un simple *¡Vete al diablo!*

Lo importante era que ella habría hecho *algo* más que parpadear y volverse, fingiendo no haber escuchado nada, que es claramente lo que hice.

Aquella noche, me acosté en la cama y me puse a pensar en otros nombres que pudieran inventar, además de PAIDS. Busqué también en Internet pero no había ninguno. Solo lo podrían haber hecho con el nombre Paige.

Es como si de alguna manera estuviera destinada a ser PAIDS.

El chico tenía razón. No era capaz de retrucar el comentario ni de frenar esta situación que se caía a pedazos. Todo se derrumbaba con rapidez.

Por favor, vete

—¿Por qué concursos de belleza? —me preguntó Ethan.

Estábamos en el sillón de la sala de su casa. Su mamá y su hermano estaban allí, pero en ese momento éramos solo él y yo en la habitación. Estábamos jugando a un videojuego de baloncesto.

Él se desempeñaba bastante mejor que yo, lo cual no era nada sorprendente. Me distraía con la tribuna, los comentarios y las patadas de las porristas animadas.

Mi jugador hizo picar el balón, se volvió y buscó a alguien para pasárselo. De inmediato, Ethan movió un jugador por delante del mío y me robó la pelota.

—Imbécil —exclamé.

—Lo siento —rio él con la vista fija en la pantalla plana que colgaba de la pared. Su jugador avanzó rápidamente por el centro de la cancha y embocó el balón con facilidad.

—Veintisiete a ocho —dijo él sin mirarme.

—Cállate.

De pronto, sonó mi teléfono. Mamá me había enviado un mensaje. *¿Está todo bien?*

—Oh, Dios mío, es mi madre —le respondí con un *Sí, todo bien. Jugando a los videojuegos.* Luego me volví hacia Ethan—. ¿De qué estábamos hablando?

—De los concursos de belleza —mantenía los ojos fijos en el partido.

—No te interesan los concursos.

Otro mensaje de mi madre. *¿Quién va ganando?*

—Me intriga.

Él. Me tengo que ir.

—Bueno, entonces, ¿cuál era la pregunta?

—No lo sé. ¿Cómo son?

—Muy divertidos. Me gusta disfrazarme. Además, conozco chicas nuevas.

Arrojó un tiro que valía tres puntos y la multitud de su lado de la cancha enloqueció. Empezó a sonar una banda y los fanáticos de su equipo se pusieron de pie y vitorearon, sacudiendo los puños en el aire.

—¿Ganas dinero? —me preguntó.

—No siempre. Simplemente me divierte participar.

—¿Porque te puedes disfrazar?

—Bueno…

Era difícil de explicar. Me gustaban demasiadas cosas de los certámenes, como el correteo y el bullicio de las chicas detrás de escena, las risas cuando nos poníamos los vestidos de noche o cuando nos peinábamos y observar a Heather —ya éramos muy buenas amigas– mientras se maquillaba. Lo hacía con tanto cuidado que ni se notaba que estaba pintada sino que, por el contrario, se le marcaban rasgos que uno podría no haber visto antes, como el brillo de sus ojos o su frente elegante. En mi división, todavía no nos permitían usar maquillaje pero, cuando me dejaran, me lo aplicaría de la misma forma que Heather.

Me encantaba conocer chicas de diferentes estados y procedencias. Algunas vivían situaciones muy duras y respondían con firmeza las preguntas del jurado: *Quiero estudiar en la Facultad de Medicina. Quiero conducir un programa de debates. Voy a ayudar a los niños cuyos padres resultaron heridos cuando servían a nuestra nación, como mi propio padre.*

Adoraba a esas chicas, en especial a las que tenían planes futuros.

Me encantaba el frenesí y la emoción que predominaban, los nervios cuando esperábamos detrás de escena y la calma repentina que me invadía una vez que salía al escenario. Me agradaba estar con mi madre mientras me preparaba y saber que luego ella se encontraría en la tribuna, alentándome en silencio.

Me gustaba que los concursos de belleza me permitieran estar *en control* de mi persona, de lo que sucedería después y de mi propio destino. Gracias a ellos, me sentía más segura de mí misma, a diferencia que en el resto de los lugares, donde solía experimentar lo contrario.

–Bueno, ¿por qué a ti te gusta el baloncesto? –pregunté a Ethan, encogiéndome de hombros.

—Me gusta lanzar tiros al cesto.

—¿Eso es todo?

—¿No es suficiente? —sonrió con el rostro aún fijo en la pantalla.

—De acuerdo. Entonces no sé por qué me gustan los concursos de belleza. Supongo que me agrada toda la experiencia.

De pronto, se asomó un pequeño rostro dentro de la sala. Era su hermanito.

—¡Lárgate, Jake! —le ordenó Ethan—. ¡En serio! ¡Lárgate! —gritó Ethan por segunda vez. A continuación, escuchamos los sonidos de pasos que subían las escaleras.

—¿Así que te gusta todo? —dijo él.

—Sí.

—¿Tienes fotos? —me preguntó mirándome a los ojos, luego de marcar otro tanto y pausar el juego.

—¡Dios mío! ¡Mamá toma demasiadas fotografías!

—Deberías publicarlas.

—¿En Internet?

—No, en una cartelera, tontita —me dio un empujoncito en la pierna con el pie—. En Internet, por supuesto.

Lancé una carcajada. Él dejó su pie en aquel sitio, sin moverlo, por lo que me olvidé por completo de los concursos de belleza.

Y en aquel instante, Ethan reclinó su cabeza y se fue acercando a mí hasta que me besó. Su madre daba vueltas por la cocina a unos metros de distancia, pero nosotros estábamos solos allí, disfrutando de ese momento maravilloso.

De pronto, escuchamos unos ruidos en la entrada y echamos un vistazo. Era su hermanito Jack. Ethan le lanzó un cojín y el niño desapareció. Nos miramos y reímos. Él dejó el pie en el mismo lugar.

—Realmente deberías publicar alguna, ¿sabes? —sugirió con los ojos fijos en mí.

Dios mío, me sentía muy feliz así como estábamos, en aquel sillón.

—Sí, tal vez lo haga.

Y lo hice esa misma noche mientras rememoraba la amplia sonrisa de Ethan, su pie sobre mi pierna y la vergüenza que sintió cuando vi una imagen de él de pequeño junto a la puerta de entrada.

Quería revivir el beso una y otra vez.

Publiqué algunas de mis fotografías favoritas y luego me aparté de la computadora para hacer la tarea de Matemática ya que, últimamente, la señora Yates me estaba agobiando. Una vez que terminé la tarea, la cena e incluso de leer una parte de *El diario de Anna Frank* —pese a que no tenía ganas de hacerlo—, regresé a la computadora, preguntándome si él me habría mandado un mensaje.

No había noticias de él pero, debajo de una de las imágenes, había un comentario de una chica que iba a otra escuela y que apenas conocía. Su hermana y yo habíamos participado de un programa de estudio extraescolar. Ambas parecían muy buenas y amigables. Vivían en una casa blanca muy grande con columnas en la entrada y setos cortados de forma prolija a lo largo de la valla. Una familia muy linda, diría la gente. Muy buenas chicas.

Pero, aunque me conociera muy poco y asistiera a otra escuela, había buscado mi perfil en Internet y, debajo de mi foto, había escrito un comentario que no comprendía del todo:

Pareces una madre soltera con sida.

Me quedé observando aquellas palabras durante un largo rato. Sentía como si estuviera rodeada por una manada de lobos. Al principio eran pocos, pero cada vez se sumaban más y más. Me puse de pie, fui al baño, cerré la puerta y encendí la música. También abrí la ducha, pero no me metí sino que, en cambio, me senté en el suelo, balanceándome hacia adelante y hacia atrás.

Respira hondo.

Permanecí en esa posición por mucho tiempo, hasta que el espejo se empañó y comenzaron a caer gotas de agua. Lo único que oía era la música. Después, me puse de pie, regresé a mi habitación y me cubrí con las sábanas.

—¿Paige? —mamá llamó a la puerta.

Me quedé en la misma posición, sin responder nada.

—Paige —abrió la puerta un poco y se asomó—. La mamá de Heather me dijo que su hija se anotaría en el certamen de belleza de Miss Norteamérica en la sección juvenil. Tú podrías anotarte en la de preadolescentes.

No pronuncié palabra.

—Heather y tú pueden participar juntas.

Lancé un gemido.

—Deberías anotarte. Será divertido —agregó mamá sentándose en mi cama.

Me incorporé de un salto. Estaba furiosa con mi madre por haber venido a mi dormitorio, por sugerirme que hiciera cosas divertidas y por todo.

—Por favor, vete —grité.

—Oh, cariño, ¿qué ocu…?

—No quiero participar de tu estúpido certamen.

—Bueno, no es mi…

—Tú quieres que desfile y sonría como si todo estuviera bien, y que salude y use vestidos bonitos para asegurarte de que todo está bien. Pero no está todo bien y nunca va a estarlo. No quiero decirte que sí solo para que *te puedas* sentir mejor —le arranqué el papel de las manos, lo arrugué y lo arrojé al otro extremo de la habitación.

—Paige, ese no es el motivo por el que… —comenzó con los ojos abiertos de par en par.

—¡Por favor, vete, mamá! —le rogué al borde de las lágrimas—. Vete y no me vuelvas a hablar de los concursos de belleza. Por favor, mamá, vete.

Se puso de pie y me miró con tanta preocupación y angustia que tuve que apartar la vista porque no soportaba continuar observándola.

—Simplemente no sé qué hacer, Paige.

—Por favor, mamá. Por favor. Lo mejor que puedes hacer es irte.

No se movió durante un largo rato.

—Por favor, vete, mamá.

—De acuerdo —dijo. Escuché que levantaba el papel arrugado y se iba del dormitorio, cerrando la puerta con cuidado.

Permanecí recostada e inmóvil.

Fea

Hoy en día, cuando reviso los anuarios de la secundaria, me es difícil asociar las imágenes que veo con la fea sensación que me invade cada vez que pienso en Clarkstown. En los libros, hay fotografías a color de chicos con rostros amigables y sonrientes, que tocan la trompeta, juegan al tenis, cantan disfrazados sobre el escenario y caminan abrazados a sus amigos mientras levantan el pulgar en dirección a fotógrafos invisibles. Llevan cascos de fútbol americano, alzan las manos en clase y entran con alegría al gimnasio. Todos lucen muy relajados y felices.

Tal vez era un sentimiento genuino para la mayoría. Pero, al observar mis imágenes, no puedo evitar cuestionarme la verdad detrás de las sonrisas. En una de ellas, estoy vestida de porrista con los pompones azules y blancos apoyados con seguridad sobre mis caderas. En otra, estoy rodeada de muchos alumnos en un partido de baloncesto, en donde todos ríen o gritan de júbilo. En ambas fotografías estoy sonriendo. Sinceramente, parezco muy feliz.

Quizás eso fue lo que percibieron la señorita Ward y mis profesores. Tal vez creían que mis quejas formaban parte de los típicos conflictos adolescentes entre amigas y por esa razón rechazaron mis pedidos de auxilio. O tal vez pensaban que todo estaba bien porque se quedaban solo con que yo era una chica amigable y alegre, que alentaba a los equipos de baloncesto con toda el alma y que frecuentaba a varios estudiantes con las mismas motivaciones.

Quizás realmente creían que las cosas que veían pesaban mucho más que mis palabras.

Pero no estoy tan segura y el motivo se vincula con la historia del sida y del VIH.

En 1981, los doctores comenzaron a detectar numerosos casos de hombres afectados con el sarcoma de Kaposi, un cáncer muy extraño, al igual que con un tipo de neumonía muy poco frecuente, llamada "neumonía *Pneumocystis carinii* (NPC)". No tenía ningún sentido que hombres tan jóvenes y saludables hubieran contraído aquellas enfermedades. Ahora sabemos que fueron infecciones oportunistas, que solo tuvieron lugar porque sus sistemas inmunitarios estaban debilitados a causa del VIH. Pero, en aquel entonces, todo era un misterio. *The New York Times* informó sobre el aumento de los casos de sarcoma de Kaposi, haciendo hincapié en que el veinte por ciento de los hombres infectados habían muerto en un plazo de dos años.

¡Ah! Y el periódico también anunció que todos los hombres que lo sufrieron eran homosexuales.

Es importante destacar que era una época muy distinta de los Estado Unidos. Casi no había celebridades abiertamente homosexuales: ni actores, ni cantantes, ni presentadores de programas de entrevistas, ni músicos… ni políticos, por supuesto. Ese mismo año, Billie Jean King, una reconocida y admirada tenista norteamericana, declaró que era homosexual y, acto seguido, perdió toda la aprobación que tenía. En todos los estados, aún era legal discriminar a alguien por su orientación sexual y, en algunos, ser homosexual era un delito. Para los miembros de la comunidad médica, la homosexualidad era una enfermedad mental y tardaron muchos años en eliminar la orientación sexual del *Manual diagnóstico y estadístico de los trastornos mentales*, el referente para los psiquiatras.

La noticia del "cáncer de los homosexuales" se propagó rápidamente. Para fines de 1981, aparecía un nuevo caso todos los días. Pese a que a mediados de 1982 también lo padecían hombres y mujeres heterosexuales, la enfermedad no se libró de la estigmatización porque la mayoría eran consumidores de drogas por vía intravenosa que se habían contagiado al compartir agujas.

Por lo tanto, la enfermedad se descubrió en los Estados Unidos a través de los homosexuales y drogadictos, es decir, poblaciones no exactamente libres de estigma.

Tener VIH era tan deshonroso que ni los médicos que la trataban quedaban inmunes. Muchas veces, los propios colegas esquivaban a los que se ocupaban de los pacientes con sida. En una oportunidad, el doctor Joel Weisman, uno de los primeros especialistas en sida, escribió una conversación que tuvo con otro médico. Según Joel, este último había declarado que si el sida mataba a algunos de ellos —supongo que se referiría a los homosexuales, drogadictos o cualquiera que padeciera la enfermedad—, "la sociedad se transformaría en un lugar mejor para todos".

Por un largo tiempo, ignoré toda esta información. Conocía gente con diabetes, artritis, hipertensión, eccemas, caries, hipermetropía, y creía que el VIH era una enfermedad más. Probablemente, si hubiera sabido que el VIH —a diferencia de las otras afecciones— había sido desde su inicio una patología de los marginados, no me habría impactado tanto la reacción de las personas.

Me había comportado como una buena chica, eso sí. Había escuchado los consejos de los adultos, y no volvería a tener una reunión con la señorita Ward.

No más drama.

Pero mi madre continuaba preocupada. Había enviado varios mensajes a la señorita Fischer, había ido a la escuela para verla y le había dejado una nota en su oficina, insistiéndole a la secretaria en que se la hiciera llegar.

Luego la había llamado por teléfono, pero nunca recibió una respuesta.

Es posible que los directivos no hubieran recibido los mensajes o tal vez no supieran qué hacer al respecto.

Pero a veces me pregunto si el problema no era el VIH en sí mismo. Seguramente los directivos recordaban los días en que el sida era propio de personas depravadas que valían menos que el resto. ¿Y si cargaban con esos prejuicios de manera inconsciente? ¿Y si el simple hecho de tener VIH había cambiado la imagen que tenían de mi madre y de mí?

¿Y si al escuchar el nombre VIH lo asociaban directamente con los marginados de la sociedad?

Yasmine es una alumna muy aplicada. (Como si yo no lo fuera).

Podría haber sido una amiga estupenda. (Pero no lo era).

¡Podrías afirmar que no tienes VIH! (Pero sí lo tenía).

De inmediato, recordé aquel episodio de sexto grado en el que me metí en problemas por reír en el corredor y tuve que escribir un ensayo sobre por qué no debían suspenderme. No tenía sentido que la risa fuera una ofensa tan grande, y que decirle a toda la escuela que tenía VIH y llamarme "PAIDS" no lo fuera.

Imaginé a Yasmine imitando a la señorita Fischer y lancé una fuerte carcajada. *Estoy muy orgullosa de ser la directora de la secundaria Clarkstown, donde la risa es motivo de suspensión, pero inventar apodos hirientes permite que ingreses al equipo de baloncesto.*

Aunque estuviera sola en mi habitación, reía como una loca.

De hecho, la situación me hacía sentir que una parte de mi ser había enloquecido por completo. Pero, más que nada, me hacía sentir terriblemente sola.

A mitad de año, mis calificaciones comenzaron a caer en picada. Faltaba mucho a clases, olvidaba los trabajos y perdía las tareas. A veces, aunque leyera el mismo párrafo seis o siete veces, no podía recordar lo que decía. Me dolía el estómago todo el tiempo.

—O haces la tarea o no la haces —me respondió la señora Yates, mi profesora de Álgebra, cuando intentaba explicarle lo que me estaba pasando. Ya no me tenía mucha paciencia.

—La voy a hacer —respondí, pese a que los números habían dejado de tener sentido para mí. Las *x*, las *y*, los paréntesis y las medidas de ángulos… requerían demasiada concentración.

Lo intentaré, me decía a mí misma. *Si me concentro, mantengo la vista en el papel y evito que mi mente divague, lo lograré.*

—Sin una nota del doctor, no aprobarás este curso —me dijo la señora Yates cuando no entregué la siguiente tarea.

Fui a ver a la doctora Cox, que me revisó los signos vitales y me presionó el estómago.

—Mmm —expresó ella—. ¿Cómo está todo, Paige?

Solía amar ir a la escuela, quería decirle, *pero algo ha cambiado.*

Quería contarle lo avergonzada que me había sentido la otra noche cuando había ido con Mariah a tomar batidos y había escuchado que unas chicas —que ni siquiera me conocían— susurraban las palabras "sida" y "puta", refiriéndose a mí. Quería contarle que había recibido una llamada telefónica de Yasmine,

Madison y Lila en la que me decían: "Eres demasiado fea para participar en concursos de belleza".

Mis antiguas amigas estaban reunidas. Hasta hacía poco tiempo, yo también formaba parte del grupo. Estaba tratando de dejar eso atrás y seguir adelante con mi vida —Dios sabe cómo lo intentaba—, pero lo único que podía hacer en aquel momento era imaginarlas juntas.

No comprendo lo que me está pasando, quería decirle a la doctora Cox. No entendía por qué a veces temblaba, por qué me despertaba en el medio de la noche rechinando los dientes sin poder volver a dormir, por qué no podía concentrarme en la tarea de Matemática y por qué me dolía la cabeza todo el tiempo.

La doctora Cox me observaba detenidamente mientras aguardaba mi respuesta.

—Bien —expresé por fin. Me encogí de hombros y esquivé su mirada. Sabía que todo podría ser mucho peor. Nadie me tiraba por las escaleras ni me jalaba del cabello, como a otros chicos.

Palos y piedras podrán romper mis huesos, pero las palabras jamás me lastimarán.

Botellita de jerez, todo lo que digas será al revés.

No podía permitir que sus palabras me hicieran daño, porque eso indicaría que había algo malo en mí.

—¿Paige? —la doctora Cox me preguntó con ternura.

De un segundo a otro, mis ojos se llenaron de lágrimas. No logré refrenarlas por más tiempo.

—Estoy bien, estoy bien, lo juro. Estoy realmente bien —dije sin cesar de llorar.

Un par de días después, me volví a encerrar en el baño de mi casa con la música a todo volumen, y a balancearme hacia adelante y hacia atrás con otra nota en la mano.

Algunas horas antes, en el baño de la escuela, había visto de nuevo mi nombre escrito en la pared: *PAIGE TIENE SIDA. Puta. Vete a tu casa.*

Pero entre mis dedos tenía un trozo de papel que había encontrado dentro de un cuaderno. Eran dos palabras diferentes a las de la nota anterior.

Perra. Prostituta.

Dejé de prestar atención a la música y a lo que había ocurrido en el colegio y, en cambio, me concentré en la nota y en otra cosa más. Mamá tenía unas pequeñas tijeras de acero para cortar uñas con la punta bien filosa, que estaban en el primer cajón.

Quiero tomar las tijeras y sentir la hoja de acero contra mi piel.

Ansiaba cortarme las muñecas con esas tijeras.

Me di cuenta de que hacía un tiempo deseaba sentir el acero sobre la piel.

Me impulsé hacia atrás y hacia adelante, tratando de enfocarme en el estribillo de la canción. *I hope you know, I hope you know that this has nothing to do with you, it's personal, myself and I, we've got some straightenin' out to do…*

Pero, ¡Dios mío! ¡Aquellas tijeras, el acero, los bordes filosos! No podía dejar de pensar en ellos. Evidentemente, algo muy malo me estaba pasando.

Mi madre estaba del otro lado de la pared. Traté de imaginarme lo que ella me diría si supiera lo que estaba pensando, pero no pude. Me resultaba imposible concebirlo y tampoco podía pensar en cómo reaccionaría si se enterara de lo que yo deseaba hacer.

Rememoré la expresión de preocupación de la doctora Cox durante mi última visita a su consultorio. Me había sentido muy mal al confesarle todo lo que me había sucedido; sentía que la había desilusionado.

Ella se había ocupado de mí durante muchos años y se merecía que me esforzara por ser feliz y por aprovechar la vida que ella me había ayudado a tener.

Las tijeras, las tijeras, las tijeras.

Volví a observar el papel arrugado que tenía en la mano y lo estrujé aún más. Me temblaba todo el cuerpo.

Segundos después, en un abrir y cerrar de ojos, tuve una extraña sensación de que nada de que lo estaba viviendo era real. Ni la nota con los extremos rasgados que tenía en la mano, ni los garabatos con bolígrafo, ni la música que me rodeaba, ni la luz que me iluminaba.

Ni siquiera yo me sentía real. Era como si estuviese mirando desde lejos la escena de una chica que no podía dejar de pensar en las tijeras sobre su muñeca.

Sentí una especie de alivio inmediato.

Me puse de pie, apagué la radio y llevé la nota a mi dormitorio. Una vez allí, la hice añicos, guardé los pedazos dentro de un pañuelo de papel y lo boté a la basura. Luego me recosté sobre la cama con los brazos y piernas extendidos a mis costados.

Las coronas de los concursos de belleza estaban sobre mi cómoda y mi mochila, en el suelo.

Permanecí inmóvil mientras me observaba de lejos acostada en la cama.

El primer ataque

Luego llegó la temporada de baloncesto.

Las porristas estábamos en los vestidores, recién cambiadas. La mayoría de las chicas ya habían salido pero yo seguía allí porque me dolía el estómago.

—Vamos, Paige —gritó Amber desde la puerta—. ¡Apresúrate!

Me puse de pie y seguí sus pasos. La pollera azul de los Wildcats me rozaba las piernas. La tribuna estaba colmada de estudiantes, profesores, padres, hermanos y miembros de la comunidad que venían a alentar al equipo vestidos de azul y blanco.

No pude encontrar a mamá entre la multitud.

¡Dios mío, cómo me dolía el estómago! Esperaba no estar a punto de enfermarme porque faltaba muy poco para el viaje del coro a Walt Disney World y no podría ir si me sentía mal.

Los jugadores del equipo estaban entrando en calor y se iban turnando para lanzar al cesto.

Kyle Walker anotó sin dificultad y le pasó el balón a Michael Jepson.

Qué buen chico es Michael Jepson, solía decir la gente.

Todavía había personas comprando las entradas del otro lado de las puertas de doble hoja. Estiré el cuello para ver si mi madre estaba entre los que entraban, pero no la vi.

Sobre la pared del fondo, por encima del cesto, había un gato salvaje pintado de azul, con la boca abierta. Más cerca de mí, estaba el marcador y la bandera de los Estados Unidos.

Varias pisadas atravesaron el gimnasio. El árbitro tocó el silbato y nosotras nos ubicamos en nuestras posiciones con los pies extendidos y los brazos detrás de la espalda. Ya estábamos listas.

Amber estaba justo delante de mí. Desde mi lugar, también podía ver la tribuna.

De pronto, escuché un ruido y sentí un intenso calor que me recorrió el cuerpo. Inmediatamente después, sopló una fría brisa y me di cuenta de que estaba sudando. Comencé a temblar frenéticamente al mismo tiempo que se me debilitaban las rodillas.

¿Cómo era posible que estas rodillas pudieran haber soportado mi peso alguna vez?

Amber se volvió para decirme algo, pero ya no podía escucharla. Veía todo borroso y la conmoción de la tribuna me resultaba cada vez más lejana. Amber entrecerró los ojos y se me acercó.

Y eso es lo último que recuerdo. Segundos más tarde, ella y todo el mundo que me rodeaba desaparecieron por completo.

Así es como funciona. De un momento a otro, pasas de contemplar un gato salvaje pintado sobre un muro de ladrillos a despertarte en una sala de emergencias con adhesivos sobre el pecho que están conectados a cables que, a su vez, se comunican con máquinas que hacen ruido y disparan luces.

Me di cuenta rápidamente de que estaba en el hospital Riley.

Amber y mamá estaban a mis costados.

No tenía idea de cuánto tiempo había pasado.

¡Dios mío! Mi madre tenía el rostro enrojecido, los ojos llenos de lágrimas y la nariz un poco inflamada.

—¿Qué pasó? —exclamé parpadeando los ojos.

—Tuviste un ataque epiléptico —respondió mamá sacudiendo la cabeza.

—¡Casi me matas de un susto! —dijo Amber—. Eso es lo que pasó.

Bueno, pensé. *Esto explica por qué pasé del gimnasio al hospital.* Pero ¿por qué había sufrido un ataque de epilepsia?

—Amber vino contigo en la ambulancia —dijo mamá.

—Me indicaron que no estaba permitido, pero, de todas formas, subí —agregó Amber.

—Y luego Amber insistió en quedarse en la sala de emergencias —mi madre se inclinó hacia adelante, puso una mano sobre la de Amber y se volvió hacia ella—. Aún no sé cómo hiciste para conseguirlo.

—Dije: "¿Van a dejar a una chica de trece años sola en el pasillo de un hospital en el medio de la nada?", y no supieron qué responderme —Amber se encogió de hombros.

—Es una amiga estupenda —dijo mamá con una sonrisa.

—Pero ¿por qué…? —pregunté yo.

—Todavía no sabemos, Paige —respondió mi madre—. Lo importante es que ahora estás bien.

Los doctores me hicieron estudios de sangre y del corazón. Me revisaron la vista y me pidieron que moviera los dedos de las manos y de los pies. Me preguntaron si reconocía a mi madre, cuántos años tenía y en qué año estábamos. Me metieron dentro de un tubo ruidoso, donde debía permanecer inmóvil para que pudieran tomar imágenes de mi cerebro. Me hicieron ponerme de pie con los ojos cerrados y, luego, apretar los dedos.

Finalmente, me permitieron regresar a mi hogar.

Esa noche, Amber volvió a casa con nosotras.

Mamá calentó una sopa para ambas mientras yo me deslizaba sobre la cama. Después, Amber vino a mi habitación y pasó la noche allí —"Por si acaso, señora Rawl"—, pero no durmió nada.

A la mañana siguiente, Amber fue a la escuela y yo al hospital. Una vez allí, los doctores me explicaron lo que había sucedido.

Un alivio y una preocupación porque todo estaba bien y, al mismo tiempo, no lo estaba.

Al final del día, cuando Amber regresó a mi casa, le conté lo que me habían dicho los doctores. El nombre médico de mi diagnóstico era convulsiones psicogénicas no epilépticas y el apodo, *seudoataques de epilepsia*.

También le conté que lo que me había pasado en el gimnasio era algo que les ocurría a los veteranos que regresaban de la guerra, a las madres que luchaban por la custodia de sus hijos y a cualquiera que sufriera de estrés por demasiado tiempo.

—Mierda —expresó, luego de un largo silencio—. No sabía que estabas tan mal.

No le contemos a nadie

Finalmente, atravesamos el país en avión para cantar en el Magic Kingdom de Walt Disney World. Se suponía que todo iba a ser absolutamente increíble.

Y lo fue… al menos en un principio.

La noche anterior al viaje, Amber se quedó a dormir en mi casa. Nos despertamos temprano, llenas de entusiasmo.

—Llegó el díaaaaa —exclamó Amber cuando el despertador dejó de sonar.

—Síiiiiii —susurré con la habitación todavía en penumbras.

Nos preparamos rápidamente. Yo me alisé el cabello, me puse una sudadera gris y desayuné mi chocolatada nutricional, mientras que mi amiga se hizo una cola de caballo suelta, se vistió con una sudadera roja y desayunó un tazón con cereales. Mi madre también estaba acelerada porque nos iba a acompañar al viaje.

—¡Mierda! —gritó Amber de pronto—. ¡No puede ser! ¡Imposible!

Luego dio un fuerte alarido y mi madre empezó a reír a carcajadas.

Al salir de la casa para ver lo que estaba sucediendo, me topé con una enorme limusina negra y brillante, que contrastaba muchísimo con nuestra pequeña entrada de ladrillos.

—¡Es una broma! —exclamé.

—Se me ocurrió que debíamos ir al aeropuerto con estilo.

Lancé un grito de felicidad y me arrojé sobre mi madre.

Una limusina. La madre que siempre decía que sí y siempre estaba dispuesta a todo, aún podía sorprenderme.

Segundos después, el chofer guardó nuestro equipaje en el maletero y nosotras nos acomodamos en la parte trasera, donde había luces de colores, gaseosas, agua y dulces que podíamos comer. Nos pusimos gafas de sol y nos recostamos sobre los asientos.

—Queriiidas —dije en tono elegante—. Adoro viajar con estilo, ¿ustedes?

—Es la única forma de viajar —respondió Amber con una actitud presumida.

Al llegar al aeropuerto, nos sentíamos celebridades.

—No miren a los costados —sugirió Amber—. Hagan de cuenta que estamos acostumbradas a esto.

—Cierto —asentí.

Y eso fue lo que hicimos. El chofer nos abrió la puerta y descendimos de la limosina con la vista en el cielo, como si estuviéramos habituadas a viajar en limusina todas las semanas. Sentía las miradas de todos fijas en nosotras.

En Florida, Amber y yo compartimos una habitación de hotel, mientras que mi mamá se quedó con otra acompañante en un piso diferente. La primera noche, apenas pudimos dormir de la emoción. Hablamos sobre el avión que estaba colmado de estudiantes de Clarkstown y sobre el sueño hecho realidad de cantar al día siguiente en uno de los parques.

Estábamos *allí mismo*, en Orlando, Florida, en nuestra habitación de hotel e íbamos a cantar en Walt Disney World.

Por la mañana, fuimos a buscar a mi madre. Pensé que estaría tan entusiasmada como nosotras pero, por el contrario, tenía la mandíbula presionada y el cuello, enrojecido, como cuando se enfadaba.

—¡Dios mío, mamá! ¿Qué te pasa? —le pregunté mientras caminábamos por el corredor.

—Nada —lanzó.

Te aseguro que a nadie de este mundo le cuesta más esconder sus emociones que a mamá.

—Vamos, mamá, ¿qué te pasa? —como no dijo nada, le eché un vistazo a Amber—. ¿Mamá?

—Ayer recibí una llamada de teléfono —dijo—. Era solo una broma —ella estaba a punto de echar humo por las orejas al igual que los dibujos animados cuando enfurecen.

—¿Te llamaron a la habitación de hotel? —preguntó Amber.

Mi madre asintió, con las fosas nasales ensanchadas. Fuera lo que fuere, estaba furiosa.

Cuando entró en la recepción del hotel, que estaba repleta de estudiantes de Clarkstown, mamá inspeccionó la multitud.

—¿Qué te dijeron? —le susurré.

Mamá apretó los labios al mismo tiempo que miraba de un extremo de la sala al otro. Dios mío, estaba muy enojada.

—¿Señora Rawl? —dijo Amber—. ¿Fueron los chicos?

—Sí, está bien, fueron los chicos. Varones.

Entrecerró los ojos al observar a un grupo de chicos que llenaban tazas con chocolate caliente. Cerca de ellos, un hombre de traje intentaba esquivar a la gente para alcanzar la máquina de hacer café. Sentí lástima por aquel hombre y por todas las personas que no fueran de Clarkstown porque hacíamos mucho alboroto.

—Mamá, en serio, ¿qué te dijeron?

—Ya llegaron los autobuses para llevarnos al parque —la señora Kay agitó las manos para que le prestaran atención—. Por favor, suban de manera ordenada y no olviden que representan a la escuela.

—Mamá, ¿qué te dijeron? —repetí mientras avanzábamos hacia los vehículos.

—Me dijeron: *¿Es verdad que tu hija tiene sida?* —respondió con el ceño fruncido—. Reían como si todo fuese una maldita broma.

—Oh, señora Rawl —exclamó Amber.

—Luego volvieron a llamar y, cuando les dije que me quedaría el número registrado, cortaron la comunicación. Sí, muy gracioso. Mi hija es VIH positivo y piensan que es divertidísimo.

Nos acomodamos en el autobús, a dos asientos de distancia de Michael y Kyle, que reían junto a otros chicos.

—Si descubro quienes me llamaron a la habitación, tendrán graves problemas —exclamó mamá en voz muy alta para que todos pudieran oírla.

Amber lanzó una carcajada, pero yo me sentía avergonzada.

—Mamá… —susurré.

—Lo siento, pero estoy *indignada* —Dios mío, su tono de voz era fuertísimo—. Pequeños *imbéciles* —gritó por último.

Me volví hacia Amber, que estaba encantada con la reacción de mi madre. El autobús se puso en movimiento y los otros chicos empezaron a hablar, pero ninguna de nosotras pronunció palabra hasta que nos acercamos al parque y divisamos los arbustos en forma de animales. De pronto, mi madre me miró a los ojos. Su rostro había cambiado: ya no expresaba enojo, sino tristeza.

—¿Así es como te tratan, Paige? —me preguntó.

De inmediato, supe que estaba preocupada. Si trataban a los padres de esa forma, no podría imaginarse cómo me tratarían a mí cuando estábamos solos.

El autobús disminuyó la velocidad a medida que nos fuimos acercando a la entrada. La pregunta de mamá flotaba en el aire. *¿Así es como te tratan ahora?*

—No lo sé —expresé, encogiéndome de hombros—. A veces, pero está bien.

Cantamos en un gran escenario al aire libre con varias hileras de sillas, pero había muy pocas ocupadas. La zona estaba casi vacía. Resulta que la gente que viaja a Walt Disney World está más interesada en las atracciones que en escuchar cantar a un grupo de estudiantes de Indiana.

Cantamos "Blue Skies", "Pennies from Heaven" y una canción que hablaba sobre la alegría de la llegada de un nuevo día, mientras agitábamos los brazos, girábamos y nos abrazábamos. Fue una experiencia similar a la apertura de los concursos de belleza, con la diferencia de que estábamos al aire libre y casi no había público. Mamá tomó algunas fotografías con su teléfono. Cuando la vi allí en medio de las sillas vacías me invadió una sensación de tristeza.

Deseaba que los chicos no la hubieran llamado, que la hubieran dejado en paz.

Una cosa era mantener el asunto entre chicos y otra muy distinta, meterse con mi mamá, que lo único que quería era hacerme feliz, y ellos parecían decirle que no sería capaz de hacerlo.

Mamá tenía razón. Habían cruzado la línea y todo se había desmoronado.

Aquella tarde, tuve otro ataque de epilepsia mientras estaba en la habitación del hotel con una lata de refreso en la mano. Para ese entonces, ya había sufrido varios de ellos; en la tienda departamental, en el automóvil de mamá, en el centro comercial, en el corredor de la escuela y en la cama a la hora de despertarme, donde mi madre me había encontrado inmóvil.

Ya reconocía los síntomas; un extraño distanciamiento de todo lo que me rodeaba y la desaparición paulatina del mundo.

Se me cayó la lata de gaseosa y me quedé inmóvil.

—¿Paige? —exclamó Amber—. ¿Te está pasando otra vez, Paige?

Sus palabras sonaban muy lejanas y su rostro se tornaba de un color verde grisáceo.

Tenía frío y estaba sudada. Instantes después, todo se desvaneció.

Me desperté en la cama, con Amber y mamá a mis costados. Mi madre me dijo que Amber había evitado que me golpeara la cabeza contra el suelo y me había acomodado sobre la cama. ("Oh, por favor, no pesas nada", dijo Amber haciendo un gesto con la mano). Luego había buscado a mamá y ambas habían permanecido a mi lado hasta que volví en sí.

Mi madre intentó sonreír pero, cuando advertí la tristeza detrás de su mirada, comencé a sentirme muy mal por la limusina que había alquilado y por el dinero que había gastado para que cantáramos frente a tantas sillas vacías, para que le hicieran una broma de mal gusto por teléfono y para que, la noche siguiente, su hija perdiera el conocimiento en la habitación del hotel.

Lamentaba no poder ser mejor hija ni poder frenar a los chicos. También me angustiaba no ser capaz de borrar aquella mirada triste y furiosa que invadía sus ojos.

Durante el viaje de regreso a casa desde el aeropuerto, ninguna habló. Nos quedamos mirando las señales de tránsito y los camiones que pasaban, mientras recordábamos el entusiasmo de andar en limusina, que parecía haber ocurrido hacía muchísimo tiempo aunque solo hubiesen transcurrido un par de días.

La última vez que me presenté en la oficina de la señorita Ward fue porque me llamaron.

¿Qué hice ahora?, me preguntaba mientras caminaba por el corredor de la escuela en dirección al despacho. *Desde que me dijo que dejara de armar escándalos, no me volví a quejar.*

Cuando llegué a la puerta, vi a Ethan sentado dentro, lo cual me dejó sin palabras. Al entrar, él ni me miró.

¿Qué diablos he hecho?

—Paige —dijo la señorita Ward—. Parece que tenemos otro problema —me hizo una seña para que me acomodara en una silla junto a Ethan.

—Ethan nos comunicó algo.

Ethan me echó un rápido vistazo y luego se volvió, por lo que no pude descifrar lo que estaba pensando.

La señorita Ward me explicó que cuando Ethan entró a la cafetería en la hora del almuerzo, un chico le gritó lo siguiente.

—No beses a Paige porque te contagiarás de sida.

—Ethan tendrá sida… —rio otro muchacho.

—Apuesto a que ya tiene sida —exclamaron otros.

Al escuchar sus palabras, me sonrojé y Ethan bajó la vista sin decir nada. Una vez que terminó de hablar, permanecimos en silencio.

Oh, Dios mío, pensé. *Esto es lo peor que podía pasarme.*

—Ethan decidió informar la situación —explicó antes de volverse hacia mí—. Paige, ya me comuniqué con los padres de los otros chicos y me temo que también tendré que llamar a tu madre.

Un momento. Aquel era un asunto entre otras personas y había ocurrido cuando yo estaba a kilómetros de distancia, pero, por alguna extraña razón, ella necesitaba involucrarme y llamar a mi madre.

Lo único que podía hacer era aguardar, y eso fue lo que hice.

Dejó que Ethan saliera de la oficina, pero él ni se despidió de mí. Ward marcó el número de mi casa con sus largas uñas y le explicó la situación a mi mamá.

—Así es. Sí. Sí, ahora regresará a clase. Bueno, de acuerdo. Me aseguraré de que la señora Fischer reciba el mensaje. Bueno, señora Rawl. De acuerdo. Adiós.

—Puedes partir —apoyó el teléfono y me miró a los ojos, mientras me ponía de pie.

—Realmente no sé qué decir al respecto, Paige.

Asentí y salí del despacho.

Aquella tarde, después de la práctica con las porristas, vi a Ethan esperando fuera del gimnasio.

—Hola —saludé.

—Hola —me respondió con las mejillas ruborizadas.

Me gustaba tanto que lo habría besado allí mismo.

A pesar de la horrible situación, tenía que admitir que me agradaba que él hubiese hablado con la señorita Ward porque sentía que había defendido mi honor.

En aquel preciso instante, tuve ganas de que *todos supieran* que merecía ser amada al igual que todos los demás y que, más allá de lo que dijeran, este chico me había elegido a mí.

Quería caminar con él de la mano por la cafetería y que todos nos vieran. Era una idea tonta —parece ridícula en retrospectiva—, pero era lo que más deseaba en ese entonces. Tanto lo deseaba que habría puesto una nota en mi zapato, como antes de ganar el certamen de belleza Miss Indiana Sweetheart.

Ethan y Paige caminarán de la mano por el colegio.

—Lamento mucho lo de hoy —dijo él mirando el suelo.

Le estaba por decir que no necesitaba disculparse porque era algo que otros habían dicho, y que debía olvidarse del tema, que es lo que yo realmente quería. *Olvídalo, sigamos adelante y seamos novios, como ambos queremos.* Pero, en ese momento, dijo de pronto:

—No le contemos a la gente que salimos. Por supuesto que podemos seguir viéndonos, pero no tenemos que decirle a nadie.

Miré el gimnasio, por encima de su hombro, donde el equipo de baloncesto comenzaba a entrar en calor.

—Bueno —respondí como si no me importara nada—. Sí, de acuerdo. Está bien.

Rojo

Aquí está el cuchillo y aquí está mi piel.

Me parecía gracioso –aunque no lo fuera en absoluto– que me hiciera recordar a un viejo juego que jugaba con las manos:

Aquí está la iglesia y aquí está el campanario.

Aquí está el cuchillo y aquí está mi piel.

Ábrela y verás a todas las personas.

Ábrela y permite que comience el sangrado.

De esa forma ocurrió la primera vez. Así de simple. Un día, me corté hasta que empezó a salir sangre.

Estaba en el baño con la música a todo volumen. Hacía tiempo que mamá no me tocaba la puerta cuando me encerraba allí. Me dejaba sola hasta que estuviera lista para salir y luego merodeaba por la entrada de mi habitación, mientras hablaba sobre temas sin importancia y me miraba con preocupación cada vez que me movía.

Pero, mientras estaba en el baño, me dejaba tranquila.

La música sonaba fuerte. Yo estaba pálida y mi sangre, roja.

No estaba segura –aún no lo estoy– de si realmente quería

hacerme daño o simplemente buscaba sentir algo. Quizás estaba entumecida y necesitaba salir de ese estado. O tal vez, por el contrario, el filo del cuchillo era lo único que podía alejarme de la sensación que me invadía la mayor parte del tiempo y que ya comenzaba a resultarme normal.

Mi nueva normalidad en la que nada era verdaderamente normal, como cuando no puedes notar la diferencia entre el frío y el calor. Después de un tiempo, las dos sensaciones se tornan exactamente iguales.

Pero sí es posible distinguir la sangre roja y la piel pálida.

Aquí está el cuchillo y aquí está mi piel.

Me rasgué las capas superiores de la piel, pero no demasiado profundo para poder controlar el sangrado. De inmediato, brotó sangre y sentí algo diferente de lo que venía sintiendo.

Al fin y al cabo, ya no me importaba si sentía *algo* o *nada*. De todas maneras, era un alivio.

Me sentía tranquila.

Apagué la música y me quedé mirando la sangre al mismo tiempo que escuchaba el sonido de mi propia respiración. (Qué cómico y extraño es el hecho de que le prestemos tan poca atención a nuestro constante esfuerzo por mantenernos vivos).

Presioné un trozo de papel higiénico contra mi muñeca hasta que dejó de sangrar. Luego arrojé el papel en el retrete, tiré la cadena, me cubrí las muñecas con las mangas del suéter y regresé a mi dormitorio. Cuando mi madre apareció en la entrada, me sujeté las mangas con fuerza hasta que se retiró y llegó la hora de apagar las luces, mirar el techo y esperar a que el sueño me invadiera.

Retirada

Agosto. Octavo grado.

Estaba en un banco observando un partido de fútbol.

Durante el verano había continuado con los ataques de epilepsia y, como no quería volver a desmayarme frente a toda la escuela, había dejado el grupo de porristas. Pero, en cambio, había ingresado en el equipo de fútbol, donde también estaba Yasmine. No sé qué decir al respecto. Tal vez quería mostrarle que podía ir a cualquier parte y hacer cualquier cosa sin que ella pudiera detenerme. O quizá, por el contrario, una parte de mí deseaba llevar las cosas a un punto crítico. En todo caso, cuando aparecí el primer día al entrenamiento, me miró con sorpresa. Mantuve la cabeza en alto y ni la miré.

Ese año compartíamos menos materias. En primer lugar, la señora Yates me había hecho repetir Matemática, por lo que no la estudiaría en la secundaria, lo cual era mejor ya que los estudiantes de mi curso ya me daban demasiado temor.

Durante las prácticas, Yasmine y yo nos pasábamos el balón solamente cuando era necesario. Por lo demás, nos habíamos convertido en imanes que se rechazaban y ni siquiera se tocaban, tal como nos había enseñado la profesora en la clase de Ciencias.

Pero me gustaba mucho el deporte y me caían bien la mayoría de las chicas y, sobre todo, la entrenadora Ryan. Era una joven deportista, llena de energía, rubia y hermosa. Los chicos decían que era *genial. La señorita Ryan es genial.*

Aquel partido era uno de los primeros de la temporada. Estaba sentada junto a la señorita Ryan, esperando para ingresar a la cancha. Yasmine estaba en el medio campo corriendo en dirección a una chica del equipo contrario que tenía el balón. ¡Dios mío, no tenía miedo a nada! Todos sabían lo que ocurriría a continuación. Con un solo movimiento del pie, Yasmine se apoderó rápidamente de la pelota.

Los padres, que estaban a nuestras espaldas, aclamaron con entusiasmo. Observé la jugada, pero permanecí en silencio. Luego la entrenadora Ryan se volvió hacia mí.

—Por cierto, Paige —expresó de forma demasiado casual, como si no estuviéramos en el medio de un partido y tuviéramos todo el tiempo del mundo para conversar.

Me molestaba un poco el cuello, por lo que me senté más erguida.

—Escuché —¡por Dios, su tono de voz tan despreocupado!— que tenías sida. ¿Es cierto?

Le eché un rápido vistazo. Ella estaba observando la cancha como si no hubiera dicho nada importante.

Estábamos a pocos pasos de las otras chicas y de algunos de los padres de la tribuna. Una de las jugadoras del equipo contrario arrojó la pelota afuera y el árbitro tocó el silbato para que se acomodaran para el tiro.

Me resulta gracioso que siempre se nos ocurran las mejores respuestas en retrospectiva. Ojalá hubiera dicho algunas de las tantas que se me vienen a la cabeza ahora. Me habría gustado decirle que todo el mundo sabe que el VIH y el sida no son lo mismo, y que divulgar el estado de salud de una persona sin su permiso es un delito, por lo que tendría que haber bajado un poco la voz.

Más que nada, habría querido decirle estas cuatro palabras: *No es asunto tuyo.*

Pero al estar sentada allí, rodeada de los uniformes azules y blancos, no pude decir nada de eso. Era tan solo una niña diferente a los demás chicos y a los padres que estaban cerca. Era una niña que estaba junto a una profesora a la que le quería caer bien porque todos la consideraban genial. Por lo tanto, respondí simplemente: "No".

Pese a que técnicamente fuera verdad —no tendría sida siempre y cuando mantuviera mis células CD4 por encima de las doscientas—, no lo dije para ser precisa, sino porque fue lo único que se me ocurrió para detener la conversación.

—Ajá —expresó la señorita Ryan como si estuviéramos hablando sobre el clima. *Ajá, es una tarde muy bonita.*

Ajá, ¿notaste que los árboles comienzan a cambiar de color?

Ajá, tal vez refresque la semana que viene.

Ajá, creo que me estás mintiendo y que realmente tienes sida.

Una de nuestras jugadoras pateó la pelota con fuerza y ambos equipos se apresuraron hacia el arco.

Y luego, en un abrir y cerrar de ojos, me hizo ingresar a la cancha. Al entrar, pasé junto a Yasmine, pero ni nos miramos.

Mi madre se puso furiosa cuando le conté lo que me había preguntado la entrenadora Ryan. Pocos días después, mientras nos tomaban las fotografías del equipo, mamá la enfrentó.

—¿Cómo se atreve a preguntarle si tiene sida? —le reclamó. Pese a que la había llevado aparte, la voz de mi madre era más alta de lo normal. La entrenadora miró a ambos lados, completamente avergonzada, y le respondió que simplemente quería disipar un rumor que le había llegado.

—¿Comprende lo difícil que fue para ella que su entrenadora se lo preguntara en medio del partido?

Shhhh, quería decirle a mi madre. *Todos te están escuchando.*

—Bueno, revisé su historia clínica y no decía nada —expresó la señorita Ryan.

—¿Cómo dice? —el rostro de mamá se puso rojo.

—Yo… —comenzó la entrenadora.

—¿Revisó su archivo confidencial?

—Señora Rawl, yo…

—¡Qué demonios le importa! —exclamó mamá.

Al mirar la expresión aturdida de la señorita Ryan, confirmé que era posible sentirse avergonzada y satisfecha al mismo tiempo y en igual medida.

—Por ser su entrenadora, creo que tengo derecho a saber —dijo mi profesora en voz muy baja.

—¿Derecho a saber? —chilló mi madre—. ¿Derecho a saber? ¡No tiene *derecho* a saber nada!

—¿Por qué no nos calmamos, señora Rawl? —la señorita Ryan frunció el ceño.

—¿Nosotras? Me está diciendo *a mí* que me calme, pero *no lo haré* —respondió mi madre—, porque la ley dice que el estado de VIH es confidencial. Totalmente confidencial.

—Vamos, señora Rawl, soy su entrenadora.

—Así es, ¿y cómo sé que usted no tiene VIH?

—Señora Rawl, ¿qué pasa si algo sucede y comienza a sangrar dentro de la cancha? —expresó Ryan luego de respirar hondo.

—¿Qué pasa si cualquiera de las chicas comienza a sangrar? —gritó mamá—. ¡Rehúye la sangre de todas porque no se sabe quién puede tener qué!

—En realidad —dijo la señorita Ryan luego de observar al horizonte durante unos instantes. Lanzó una falsa risita antes de continuar—. Podemos aprovechar el VIH de Paige en beneficio propio. Ella podría anotar todos los goles porque las jugadoras del equipo contrario tendrían miedo de tocarla.

Más adelante, la señorita Ryan negaría rotundamente –jurando por Dios, incluso– aquella frase. ¿Quién sabe? Tal vez no recordaba esa parte de la conversación. Pero yo estaba allí al lado y, sin lugar a dudas, había escuchado esas mismas palabras que reproduje.

Aún hoy las recuerdo, por más que hayan pasado varios años, así como también guardo en la memoria la vergüenza que sentí al oírlas.

Es imposible olvidar las palabras que te hacen sentir inferior, avergonzada y despreciable.

Siempre me gustó jugar al fútbol, pero uno de los peores momentos que viví en la escuela fue cuando mi entrenadora dijo que el equipo podría usar mi VIH para anotar más goles.

Aquella noche, vacié la mochila en medio de la sala de casa, tomé los cuadernos y los fui rompiendo uno a uno. Arranqué las hojas, las arrugué y las arrojé sobre el suelo.

—¿Qué estás haciendo? —me preguntó mamá.

Las rompí y las abollé.

—Paige —dijo bruscamente.

De inmediato, lancé una especie de grito y gruñido violento, que terminó dándome un poco de miedo. Mi madre también se asustó ya que hizo un extraño gesto con el rostro que nunca antes había visto.

—Paige —comenzó con mayor cautela—. Vamos, los vas a necesitar después.

Arranqué varias hojas de mi cuaderno de Matemática de un solo manotazo y las hice añicos antes de tirarlas al suelo.

—Paige —me rogaba—. Vamos, es tu tarea, no puedes hacer eso.

No le respondí sino que, por el contrario, continué con mi actividad hasta quedarme con dos tapas y un espiral, que decidí lanzar contra la puerta. Luego tomé mi libro de Ciencias Sociales.

—Basta —lloraba mamá—. ¡Vamos, Paige! ¡Detente!

Pero no me detuve. Rompí todos los cuadernos, libros, notas de clase, fotocopias, ejercicios de vocabulario e informes de laboratorio.

Todo el trabajo del año, todo el optimismo, quedó reducido a una pila de papeles en el suelo.

Hiciera lo que hiciese, siempre sería la chica mala que causaba conflictos. No importaba que no hubiera hecho nada malo ni que hubiese nacido con VIH —el origen de todos los problemas—, al igual que otros chicos habían venido al mundo con el cabello rubio o pecas.

Pero el VIH no era como tener pecas, el cabello ondulado, ojos verdes o la piel morena.

De alguna manera, el VIH me hacía mala y menos digna que los demás.

Los otros chicos jamás se meterían en problemas porque yo era el problema y siempre lo sería.

Pateé los libros y cuadernos destrozados hasta el hartazgo. Luego me dejé caer sobre el suelo y empecé a llorar.

No quería volver a la escuela nunca más y mi madre no podría obligarme a ir.

El 23 de septiembre, la doctora Cox y mi madre tuvieron una reunión con la señorita Fischer, el director del distrito escolar y la titular de atletismo. Mamá le había contado a la doctora Cox que planeaba retirarme de Clarkstown y que quería que yo completara mi educación en casa. La doctora Cox creía que sería prudente una conversación con las autoridades antes de tomar la decisión final.

Durante la reunión, la señorita Fischer le dijo a mamá que no sabía que yo tenía VIH.

(*¿De veras?*, me preguntaría al enterarme. ¿La señorita Ward no le había dicho? Además, Fischer frecuentaba la cafetería, los pasillos y los partidos. ¿Nunca escuchó que me llamaban *PAIDS*?)

También le dijo que ninguno de los empleados de la oficina administrativa sabía lo que estaba escrito en las notas que había recibido y que no llevaban registros de la oficina de los consejeros escolares.

(*¿En serio?*, me preguntaría. ¿Los consejeros escolares no registran *nada*? ¿Acaso tienen que recordar de memoria lo que les ocurre a novecientos chicos?)

Le aseguró a mamá que armaría un programa de sensibilización y se lo mandaría a la doctora Cox.

(Jamás lo vimos).

Hacia el final de la reunión, la doctora Cox afirmó que, según su criterio profesional, mi madre estaría en lo cierto: de acuerdo con lo que había observado, el entorno escolar no era propicio para mi bienestar y tenía sentido optar por la educación en el hogar.

Entonces, quedaba a la espera del programa de sensibilización que le enviaría la directora Fischer.

Al día siguiente, mamá fue a la escuela a presentar los documentos y la acompañé. Mientras ella estaba en la oficina, entré a mis clases y dejé los libros de texto sobre los escritorios de los profesores. Al salir, sentí que todos me miraban.

No sabía si estaba siendo valiente o cobarde.

—Ojalá pudieras continuar en Clarkstown —me dijo la señorita Fischer cuando me la crucé. Me hablaba lentamente, como si estuviera dirigiéndose a un niño pequeño—. Pero no puedo garantizarte protección.

Imaginé que terminaría la frase con estas palabras, pese a que jamás las pronunció:

Después de todo, una chica con VIH no puede esperar mucho.

Me encogí de hombros y, sin mirarla, salí del edificio. Era un hermoso día de otoño y el sol brillaba sobre un cielo azul despejado. En uno de los campos, jugaban un partido de fútbol, y en el otro, uno de fútbol americano. Si las cosas hubieran sido diferentes, yo también habría estado allí, alentando junto a las otras porristas.

—Paige —una chica de séptimo grado llamada Erin, que había ingresado en Clarkstown ese mismo año, se me acercó—. Paige —gritó—. ¿Es verdad que te vas?

—Así es —asentí.

—Tienes suerte —rio ella, pero luego agregó rápidamente—. Es una broma. No estoy diciendo que tengas suerte por…

—Lo sé.

—Me pone triste que te vayas —dijo en voz baja.

Detrás de nosotras, un árbitro tocó el silbato y la gente de la tribuna comenzó a aclamar. Sentía el calor del sol sobre los brazos; una sensación cálida y agradable, completamente opuesta a lo que venía sintiendo hacía largo tiempo.

—Oye, ¿nos podemos tomar una foto juntas? —me preguntó Erin con más entusiasmo.

—Por supuesto.

Todavía guardo esa imagen. Estamos con los ojos entrecerrados por el sol. Yo tengo una camiseta roja. Erin sostiene la cámara con el brazo extendido y las dos estamos mirando hacia arriba, con los rostros pegados. Una de sus cejas parece la continuación de la mía.

Ambas lucimos muy felices.

—Paige —mamá salió de la escuela con una pila de papeles. Parecía mucho más cansada de lo normal.

—Tengo que irme —le dije a Erin.

—Bueno —dijo ella al mismo tiempo que me abrazaba y susurraba—. Sigamos en contacto.

—De acuerdo.

Dio un paso hacia atrás y me miró a los ojos con una sonrisa triste. Realmente le afectaba mi partida.

—¿Lo prometes? —me preguntó.

—Sí, Erin, lo prometo —respondí con total sinceridad.

Corrí hacia adonde estaba mamá, subimos al automóvil y salimos del estacionamiento.

Nunca más regresé a la secundaria Clarkstown.

Simplemente quiero hacer algo al respecto

Una tarde, poco tiempo después de abandonar Clarkstown, estaba acomodada en el sillón de mi casa mientras pasaba los canales de la televisión sin prestar demasiada atención. Un programa de noticias, uno de entretenimientos y otro donde un grupo de personas comía cosas desagradables, intentando no sentir náuseas. Ninguno me interesaba.

—¿Quieres algo para comer? —me ofreció mamá. Sacudí la cabeza.

—¿Sabes qué? —dijo luego de permanecer en silencio durante unos instantes—. Quiero que veas otra cosa.

—Estoy bien —seguí pasando los canales. Un programa de juegos, una vieja comedia, un drama de abogados.

—No, Paige. Quiero que veas otra cosa —desapareció por un momento y, al regresar, traía un video en la mano: *La historia de Ryan White*. Era antiguo y borroso, por lo que parecía haberse filmado hacía varias décadas.

Puf, pensé. *Una de las estúpidas películas viejas de mamá.*

—¿Tengo que mirarla?

En vez de responderme, puso el video y se sentó junto a mí.

Apenas empezó, reconocí el memorial de guerra de Indiana —uno de los principales monumentos del centro—, la gigantografía de Marilyn Monroe que estaba en uno de los bares de la calle Jackson y el Circuito de Indianápolis. Allí enfrente, en la pantalla, había varias imágenes que reconocía de mi vida cotidiana: chicos de la Universidad de Indiana con latas de cerveza en la mano y vestidos con jerseys de los Colts; carteles que decían JESÚS SALVA, COMPRO ORO, CLUB KIWANIS y CLUB DE LEONES; campos de maíz y silos; las largas y planas carreteras de Indiana, y las grandes torres de agua.

Me di cuenta de que nunca antes había visto una película filmada en mi propio estado. Recliné la cabeza sobre el hombro de mamá, me arrimé más a ella, y observé con atención.

Ryan era un muchacho delgado que estaba en la secundaria y repartía periódicos. Era lindo y agradable. Estaba en un consultorio médico con su madre y tosía con incomodidad. El doctor jugueteaba con una lapicera antes de decirle a la madre que su hijo tenía sida.

—¿Es real? —pregunté.

—Sí —me susurró.

—¿Es una historia real?

—Así es —respondió con la mirada fija en la pantalla—. Tenía más o menos mi edad.

Mamá puso una manta con estampado de leopardo sobre nuestros regazos.

En la película, lo expulsaban del distrito escolar por su infección.

—No es justo —señalé, volviéndome hacia mi madre.

—No lo es, Paige —presionó el botón de pausa en el control remoto. Me explicó que, incluso en aquel entonces, los doctores habían dejado en claro que los compañeros de Ryan no podrían contagiarse el virus en la escuela. Mamá repitió lo que yo ya sabía hacía muchísimo tiempo y lo que todos debían saber aunque eligieran ignorarlo: la enfermedad no se propagaba por contacto, por bebederos de agua, por retretes ni por nada que pudiera ocurrir dentro de los muros de un colegio.

—Al igual que no hay motivo alguno para que tus compañeros te consideren diferente —terminó—. Si ya se sabía en la época de Ryan, no hay excusa para que no lo sepan ahora.

La mamá de Ryan inició una demanda judicial porque quería que su hijo asistiera a la escuela, mientras que los otros padres del distrito le respondieron con otro pleito porque querían que se quedara en su casa. La gente pedía a gritos que lo pusieran en cuarentena hasta su muerte. A pesar de que el juez resolvió que podía ir al colegio, casi la mitad de los estudiantes permanecieron en sus hogares, y los que continuaron yendo alejaban sus bancos y lo esquivaban en los pasillos. También le garabateaban mensajes de odio en los libros y en el casillero.

Incluso, alguien disparó con un arma contra la sala de su casa.

Observé cómo la madre de Ryan intentaba explicarle a su hijo las peores facetas de la humanidad.

En aquel entonces, comprendí que aquella era la forma que había elegido mi madre para enseñarme algunas cosas. A través de la película, intentaba explicarme lo que me había ocurrido a mí. Era la mejor manera que había encontrado de mostrarme que no merecía lo que me había pasado y que no era mi culpa.

De un modo curioso, me di cuenta de que lo que había experimentado no tenía nada que ver conmigo, sino con serios problemas de los seres humanos.

Me había sucedido a mí, a ese chico y probablemente a muchísimos más. El hecho de que hubiera otras víctimas me hacía sentir, al mismo tiempo, peor y mejor.

—Mamá, ¿por qué la gente…? —le pregunté una vez que terminó la película. No pude completar la frase porque mi voz se fue apagando. *¿Por qué eligen el camino del odio?*, era lo que realmente quería decir, pero no había hallado las palabras. Sacudí la cabeza, completamente frustrada.

—No lo sé, Paige —parecía comprender mi inquietud—. Supongo que porque son ignorantes —seguramente aquella fuera la respuesta correcta pero, para mí, no era suficiente.

—Entonces… —de pronto me invadió un fuerte enojo—. ¿Eso es todo? ¿Simplemente tenemos que aceptarlo? ¿La gente es ignorante y ya está?

—Yo también estoy furiosa, Paige —suspiró mi madre, luego de tratar de cubrirnos con la manta y que yo la apartara—. Detesto la situación.

—Pero no está bien —dije en tono muy infantil, al borde del llanto. No podía controlarme— No es *justo*.

Mamá intentó envolverme entre sus brazos, pero la alejé. No quería sus abrazos ni su compasión, sino que las cosas fueran realmente diferentes.

—Paige, simplemente...

—No —insistí—. No es justo que todos esos chicos sigan yendo a la escuela —empecé a llorar con amargura—. Ellos son los culpables de todo —no sabía si mis palabras se entendían detrás del llanto—. *Ellos* tendría que irse y no yo.

Al día siguiente, mis compañeros asistirían a Clarkstown, como de costumbre. Participarían de las clases, observarían a través de los microscopios, darían vueltas a la pista y harían bromas por los corredores. Durante el almuerzo, se pasarían notas y se arrojarían envoltorios de bocadillos. Su mundo continuaría como siempre, con la única diferencia de que yo no estaría allí, sino que habría desaparecido, como muchos de los estudiantes deseaban.

Me quedaría sola en mi casa.

Lloraba con mucha angustia, y mi espalda se agitaba cada vez que intentaba tomar aire.

—Oh, Paige —se lamentaba mamá—. Oh, mi dulce Paige.

Me acurruqué sobre el sofá mientras mi madre me acariciaba la espalda. En algún momento debo de haberme quedado dormida porque, cuando me desperté, ya había oscurecido. Estaba cubierta con una frazada y sentía aroma a pollo frito. Al entrar en la cocina, mamá estaba ordenando algunas cosas dentro del refrigerador. Me quedé allí hasta que cerró la puerta.

—Hola, cariño —me saludó ella con sorpresa—. ¿Tienes hambre? Te estaba preparando algo para cenar.

La luz de las hornallas estaba encendida y pude distinguir pequeñas manchitas de grasa expandidas por el lugar. Mamá tomó una esponja y comenzó a pasarla por toda la zona.

Así era mi madre: siempre trababa de arreglar el desorden.

Ya no me sentía triste ni enfadada. Me había dado cuenta de que el ser humano podía librarse de esos sentimientos a través del llanto y quedarse con la decisión de hacer algo.

—Cariño —me preguntó—. ¿Te encuentras bien?

—Simplemente quiero hacer algo al respecto —dije con un tono de voz calmado—. Eso es todo.

El 18 de noviembre, mamá y yo nos dirigimos a la Corte Federal de Distrito para el Distrito Sur de Indiana, a fin de iniciar una demanda judicial contra la escuela por no haberme protegido del hostigamiento escolar, lo cual violaba dos leyes. Los abogados solían utilizar varios términos sofisticados o *galimatías*, como decía mi madre. Pero el asunto resultó ser bastante simple.

Varios años antes de que yo naciera, la Ley de Estadounidenses con Discapacidades y el Acta de Rehabilitación de 1973 habían establecido que no se le podía negar tratamiento justo a ninguna persona que tuviera una discapacidad real o aparente. Ese trato incluía la asistencia al colegio sin hostigamientos.

En otras palabras, los chicos discapacitados, o percibidos como tales, tenían derecho a recibir educación pública libres de acosos.

—¿Pero soy discapacitada? —le pregunté a mi madre cuando intentaba explicarme la situación.

Me dijo que ella no me consideraba de esa forma y le alegraba que yo tampoco me hubiese sentido así. Pero, para la ley, el VIH y el sida estaban dentro de la lista de discapacidades.

—Entonces, si el hostigamiento interfirió de alguna manera en tu educación —continuó ella—, y la escuela no hizo nada al respecto, hubo violación de la ley.

Nuestro caso se reducía a tres preguntas:

Primera, ¿alguna vez me habían hostigado?

Segunda, ¿la escuela sabía?

Tercera. En caso de ser así, ¿qué había hecho la institución para garantizarme un entorno seguro?

Si podíamos comprobar que la escuela no había intervenido lo suficiente, ganaríamos.

Me resulta gracioso el hecho de que todas las personas que entablan una demanda judicial afirmen que no les interesa el dinero.

Lo repiten una y otra vez, usando la misma frase: *No se trata de dinero*. Sé que suena muy poco creíble ya que, después de todo, el dinero es la recompensa final de la parte que triunfa y tiene la razón.

Y aunque ese sea mi caso, puedo asegurarles que el dinero es tan solo un medio para conseguir algo muchísimo más importante.

Cuando me retiré de Clarkstown, necesitaba que alguien me dijera que lo que había vivido no era normal y que estaba mal que me llamaran *PAIDS*, que me hicieran sentir avergonzada de mí misma y que la entrenadora hubiera revisado mi historial clínico y hecho una broma sobre mi enfermedad. Necesitaba que alguien validara que toda esa situación —las notas, los comentarios, el apodo, los murmullos, los chismes y mis quejas catalogadas como dramáticas— era completamente errónea. No había hecho nada malo y no merecía que me humillaran.

Quería que alguien me dijera que me encontraba bien y, sinceramente, también deseaba otra cosa menos honesta: que los chicos que me habían llamado PAIDS, los que rieron al oírlo, la señorita Fischer, la señorita Ryan, la señorita Ward y todos los que me habían hecho sufrir durante tanto tiempo se sintieran realmente avergonzados al subir al estrado, enfrentar las preguntas del abogado y mirarme directamente a los ojos.

Quería que sintieran lo que yo había sentido y comprendieran lo que habían generado.

Esos eran mis objetivos. En primer lugar, el reconocimiento de que nada había sido mi culpa, y en segundo lugar, que la gente supiera lo que era estar a la defensiva. Aunque ni mi madre ni yo deseáramos iniciar un juicio, no se nos había ocurrido otra forma para conseguir lo que queríamos.

—Vamos a ganar, ¿no es cierto, mamá? —quise saber.

—Bueno —hizo una pausa—. Déjame preguntarte algo… ¿Esos chicos te lastimaron?

Asentí.

—¿Y todo el daño que te hicieron no te permitió continuar estudiando?

—Así es —respondí luego de recordar todas las tareas sin hacer, los momentos en los que no me podía concentrar y los ataques de epilepsia.

—¿Te acuerdas de todas las veces que llamé a la oficina y no me devolvieron las llamadas?

—Sí.

—¿Los mensajes que dejé?

—Sí, recuerdo todo.

—Entonces, ¿de veras *crees* que la escuela tomó medidas razonables al respecto?

Negué con la cabeza. Aparte de la vez que mi madre y el padre de Yasmine habían ido a la oficina del colegio y del chico que se había burlado de Ethan en la cafetería, no habían castigado a ningún otro estudiante.

—Entonces, ganaremos —mamá suspiró y me envolvió entre sus brazos con fuerza—. Caso cerrado.

Luego se inclinó hacia atrás y alzó la mano para que le chocara los cinco.

El martes siguiente al día de Acción de Gracias, poco tiempo después de que iniciáramos el juicio, sonó el teléfono. Estaba en mi habitación intentando concentrarme en una lectura, pero me resultaba muy difícil estudiar desde mi casa.

Escuché que mi madre atendía la llamada y me dirigí a la cocina.

—De acuerdo —dijo con la voz inquieta—. De acuerdo, sí, bueno. ¡Oh, Dios mío! Está bien.

—Oh, santo Dios, Paige —exclamó volviéndose hacia mí, luego de cortar la comunicación.

—¿Qué pasó?

—Era nuestro abogado.

—¿Y qué dijo?

De inmediato, mi madre palideció y se quedó muda. El refrigerador emitió un sonido y, a continuación, pasó un automóvil por la carretera con la música a todo volumen. Reconocí los golpes secos de los parlantes que se acercaban y, rápidamente, se alejaban.

—¿Mamá?

—Acaba de hablar con alguien del periódico *The Indianapolis Star*.

—¿Por qué? —se me estrujó el estómago.

—Querían declaraciones sobre el juicio.

—¿Va a salir en el diario? —me tomé un momento para asimilar las noticias.

—Creo que sí —asintió mamá, completamente inmóvil y con el teléfono aún en la mano.

—No puede ser —sacudí la cabeza—. Es información confidencial porque soy menor de edad. Al menos, eso pensaba.

—No lo sé —dijo ella—. Pero ya está. ¡Oh, Dios mío, Paige! Ahora todos van a saber —había entrado en pánico.

Me senté en una silla y me puse a reflexionar sobre el asunto. Me parecía sorprendente que todo hubiera comenzado cuando le había contado a mi mejor amiga que tenía VIH. Luego se había enterado toda la escuela y ahora lo sabría toda la gente de Indianápolis.

Me preguntaba si Yasmine sería consciente del gran poder que tenía y si alguna vez se habría imaginado que sería capaz de desatar una reacción en cadena que terminaría afectando a una ciudad de casi un millón de habitantes.

Recordé la primera vez que la había visto: me había parecido fuerte, intensa y completamente segura de sí misma, sobre todo, cuando había callado a los estudiantes que reían en el auditorio. En aquel entonces, jamás me habría imaginado cómo terminaría todo. Pero ahora, mientras aguardaba que la noticia de mi VIH explotara como una bomba por toda la ciudad, sentía que aquel primer encuentro había estado predestinado.

—Voy a llamar a la familia de Heather —dijo mamá, poniéndose de pie—. No quiero que se enteren de todo por el periódico.

—¿Lo del juicio?

—Todo. El juicio y que tienes VIH.

—Tú también lo tienes, sabes.

—Sí, Paige, eso también. Fueron muy buenos con nosotras y me gustaría que lo supieran por mí —tomó el teléfono y comenzó a marcar el número mientras me dirigía a mi habitación, temblando.

—Hola, soy Sandy —escuché que decía—. Sí, así es. Todo está bien. Simplemente quería decirte… quería hablarte de algo que saldrá mañana en las noticias.

De inmediato, cerré la puerta. Minutos más tarde, mamá me llamó y me dijo:

—Paige, Heather quiere hablar contigo.

—¿Hola? —dije tomando el teléfono.

—Paige —comenzó Heather con la voz calma—. ¿Sabes qué? Eres la mejor y te quiero mucho.

Aquella misma noche, la historia se publicó en Internet. Mamá y yo la leímos en voz alta varias veces. Al escuchar mi propia experiencia narrada en tercera persona, sentí que ya no se trataba de mí en absoluto.

Por la mañana, la versión impresa del *Star* se distribuyó por toda la ciudad. Yo aparecía en las noticias de la primera página.

Con mamá soltamos ruidosas carcajadas con el juego de palabras que se nos había ocurrido: "noticias de la primera Paige".*

Imaginé a varias de las familias de Clarkstown leyendo el periódico, como a la de Michael Jepson, la de Devin Holt y la del chico que le dijo a Ethan que no me besara. Estaba segura de que ninguno de los padres vincularía la historia con alguno de sus hijos, sino que todos asumirían que los hostigadores habían sido otros muchachos que no tenían nada que ver con ellos.

Había aprendido que todas las personas siempre creían que se trataba de los hijos de otro.

Varios periodistas de televisión interrogaron a mis compañeros de clase y a sus padres, y en la puerta de la escuela había estacionado una camioneta de noticias. Mamá y yo pasamos toda la mañana espiando por detrás de las cortinas, preguntándonos si también vendrían a nuestro hogar, como al de Ryan White, pero afortunadamente nunca aparecieron.

—Es un alivio —dijo mamá.

—Tal vez está mejorando la situación para la gente con VIH, ¿no lo crees? —sugerí.

—Eso espero, cariño —mamá se acomodó en el sofá y lanzó un suspiro.

---

* N. de la T.: Es un juego de palabras porque en inglés *page* (página) y Paige se pronuncian igual.

En menos de un día, los periódicos nacionales, como el *The Boston Globe*, el *The Huffington Post*, el canal MSNBC, e incluso los Centros para el Control y la Prevención de Enfermedades, decidieron publicar mi historia. *Están hablando de mí*, pensaba mientras leía los titulares. *Están hablando de mí en Boston y en Washington DC*.

Algunas de las noticias tenían comentarios adjuntos, en los que la gente se mostraba indignada por cómo me habían tratado.

Maldición. Los profesores deberían haber advertido que esto podría ocurrir y tendrían que haber intervenido. Soy profesor y creo que siempre tenemos que estar alertas… Además, los estudiantes deben asumir las consecuencias de semejante expresión de odio.

Al menos, muchas personas desconocidas me apoyaban y sinceramente deseaban un mundo mejor.

En aquel momento, empecé a reflexionar sobre la inmensidad del mundo y, al mismo tiempo, la pequeñez de mi papel dentro de él. Aquella idea me inquietaba, pero todavía no podía ponerla en palabras, sino que solo sabía que debía hacer algo importante al respecto.

Mucho más adelante, pude descifrar que estaba comenzando a darme cuenta de mi propia influencia, con la que podría llegar a marcar una diferencia.

TERCERA PARTE

La caída

Comunidad

Lo primero que escuché de la banda fueron los sonidos de los tambores. Ya podía distinguir los globos, las camisetas y los pantalones de todas las tonalidades de rojo, que se encaminaban al Museo de Guerra del centro.

Mamá, Erin, Amber y yo nos dirigíamos a la Marcha de Indiana por el sida.

La mujer que coordinaba mi atención médica me había animado a que participara.

—Es una caminata de casi cinco kilómetros —me había explicado en una de las consultas—. El objetivo consiste en recaudar dinero para los servicios e investigación del sida, pero es mucho más que eso.

—¿A qué te refieres? —le había preguntado.

—Lo comprenderás cuando estés allí —había dicho, esbozando una amplia sonrisa. Luego me había mirado a los ojos y añadido—: Paige, de veras pienso que deberías ir.

Desde que había abandonado Clarkstown, me sentía muy sola.

Hacía la tarea en la mesa del comedor, mientras me imaginaba lo que estaría pasando en la escuela.

Ahora están en la clase de Ciencias Sociales, solía pensar.

Ahora, en la clase de Gimnasia.

El reloj hacía tictac, pasaban varios automóviles por la calle de mi casa y, en la radio, sonaba la canción "Kid Rock", de Taylor Swift.

Ahora las chicas se están preparando para las prácticas de porristas. Ahora, para el coro.

¿Ahora qué?, me preguntaría luego de terminar la tarea.

De vez en cuando, Ethan me escribía mensajes de texto. Eso me hacía sentir, al mismo tiempo, contenta y triste. Erin, Mariah y Amber me llamaban por teléfono para hablar de *American Idol* y de las últimas canciones de Nickelback. Con Mariah nos reíamos del Gordo Louie, su gato con sobrepeso. Casi nunca mencionábamos la escuela. De tanto en tanto, otras compañeras también se comunicaban conmigo, pero me resultaba difícil encontrar temas de conversación, ya que ellas formaban parte de un mundo completamente ajeno al mío.

En mi mundo, el vacío era capaz de dejarme sin aliento y todos los días caía una lluvia húmeda y gris.

Por eso, mientras me dirigía hacia la Marcha de Indiana por el sida, me costaba encontrarle el sentido al cielo azul, al excepcional aire cálido, a las bandas que tocaban a la distancia y al ambiente festivo que nos rodeaba.

Hasta ese momento, tener VIH me había aislado del resto de la gente y me había provocado mucha angustia. Me sentía sola, sin ninguna comunidad que pudiera sentir como propia.

Entonces, ¿quiénes eran todas esas personas y por qué estaban tan alegres?

Me detuve justo antes de la mesa de inscripción, porque no sabía si quería formar parte de esa multitud ruidosa y optimista.

—Vamos, cariño —dijo mamá mientras me acariciaba la espalda.

Respiré hondo.

Mis amigas estaban esperando a que avanzara. Amber me miró con una sonrisa y empezó a mover las caderas al ritmo de los tambores. Erin se volvió hacia ella y comenzó a imitarla.

Vi pasar a un hombre y a una mujer vestidos de rojo con dos pequeños niños —una mujer y un varón— que llevaban tutús con los colores del arcoíris. Caminaban dando saltos. Parecían muy felices.

Al observar a esos niños y a mis amigas bailando, recordé de inmediato lo que era la felicidad.

Respiré hondo nuevamente.

De acuerdo, pensé, *hagamos esto.*

Amber, Erin y yo en la Marcha de Indiana por el sida de 2008.
Nos sorprendió muchísimo lo divertido que fue aquel día.
Gracias a mis amigas, pude abrirme y conocer nueva gente.

Mientras mamá llenaba los formularios de inscripción, Erin, Amber y yo dimos una vuelta por los puestos de información que regalaban todo tipo de presentes. Uno repartía collares de perlas de plástico de Carnaval y, al sujetarlo, disfruté de las cuentas sobre los dedos.

–Oh –exclamó Erin–. Yo también quiero uno.

–Llévate varios –dijo el hombre detrás del mostrador. Tomé uno para cada una y el señor agregó–: Puedes llevar más que eso —tomó un puñado de collares y nosotras nos los pusimos alrededor del cuello.

Luego continuamos el paseo y obtuvimos más regalos, tales como tatuajes temporarios con forma de lazos rojos, pegatinas de arcoíris, gafas de sol de plástico rojo y pequeñas bolsas rojas. También nos dieron llaveros, pelotas antiestrés, lápices, bolígrafos e imanes para el refrigerador. Frenamos en un puesto que tenía chocolates Hershey Kiss envueltos en papel de aluminio rojo. Estaban derretidos por el calor, pero no me importó. Desenvolví algunos y me los metí en la boca.

—Esa es la actitud —dijo Erin, mientras tomaba un par para ella.

Amber levantó el recipiente, fingiendo que iba a llevárselo. Se alejó unos pasos del puesto y luego giró hacia nosotras.

—Está bien, está bien —dijo a nadie en particular—. Me llevaré solo una porción... —tomó un chocolate y sonrió.

De pronto, alguien me entregó un folleto con información: casi diez mil habitantes de Indiana tenían VIH o sida; en todos los estados había gente infectada, y en el país sufría esta enfermedad más de un millón de personas. Cada mes en los Estados Unidos, se contagiaban alrededor de mil adolescentes y jóvenes.

¡Dios santo! ¿Había leído bien? Lo releí y, efectivamente, allí estaba la información en blanco y negro: Cada mes, solo en los Estados Unidos, se contagiaban alrededor de mil adolescentes y jóvenes.

Alguien debería hablar al respecto, pensé en aquel momento.

A continuación, nos acercamos al puesto de la organización y la mujer que lo atendía nos saludó con entusiasmo. Llevaba una camiseta roja y una gorra de baloncesto.

—¿Por qué se han unido a la marcha, chicas? —me sonrió con calidez.

Vacilé por un instante porque ya había aprendido lo que ocurría cuando uno confesaba que tenía VIH. Pero, aun así, aquel era el mejor lugar en la Tierra para hablar sobre mi condición sin que me hostigaran. Por lo tanto, decidí contarle.

—Tengo VIH —le respondí sin miedo.

—¿Cómo te sientes? —me preguntó sin mostrar ningún tipo de sorpresa.

Su voz era tan cálida y genuina que sentí que se me abría el corazón de par en par. Las palabras brotaban de mi boca sin esfuerzo. Le conté toda mi historia: la situación terrible que había vivido en la escuela, y la consecuente decisión de continuar estudiando en mi hogar. Físicamente, estaba bien, pero me sentía un poco —bueno, *bastante* en verdad— sola.

—Todos siguen con su vida como si nada hubiera pasado, mientras que yo vivo en un constante aislamiento —sacudí la cabeza—. Es una porquería.

—¿Sabes qué? —me dijo la mujer, cuyo nombre era Marie (lo supe por su credencial), al tiempo que me tomaba la mano cuidadosamente—. Organizamos muchos eventos y siempre necesitamos gente que hable. ¿Te gustaría contar tu historia alguna vez?

—Bueno… quizá… —dije.

—Hazme el favor de pensarlo, al menos —agregó sonriendo.
Probablemente yo no sonaba muy convencida.

—De acuerdo. Lo pensaré —respondí mientras guardaba su tarjeta en mi bolsa.

—Chicas, vengan. Quiero mostrarles algo —mi madre apareció
de pronto.

Mientras mamá nos conducía hacia los escalones del memorial
de guerra, aún podía sentir la mano de Marie sobre la mía. Las
escalinatas estaban decoradas con numerosas muestras de telas: el
edredón en memoria de las víctimas del sida.

—¿Qué es esto? —preguntó Erin.

—Antes de que ustedes nacieran, el VIH/sida generaba tanta estigmatización y tanta vergüenza que los familiares de las personas
afectadas a veces no confirmaban las muertes —trató de explicar mi
madre—. En otras oportunidades, las funerarias se negaban a ocuparse de los cuerpos por miedo a contagiarse de la enfermedad. Como
no podían recordar a las víctimas de la forma adecuada, familiares y
amigos encontraron una nueva manera de honrarlos; empezaron a
coser paneles de una colcha, uno por cada una de las personas que
murieron a causa del virus. Hoy en día, La Colcha Conmemorativa
del sida es el proyecto de arte popular y comunitario más grande de
la historia de la humanidad. Esta es una parte muy pequeña de él.

Como cada panel representaba a una víctima del sida, intenté mirarlos todos. Uno de ellos tenía alrededor de cien ánades

reales, por lo que me pregunté si se trataría de un antiguo cazador. Otro estaba hecho con camisetas deportivas de los Pacers, los Colts, el Indianapolis Ice y el WrestleMania. En otro que vi, había un hombre con un sombrero de copa bailando sobre unas teclas de piano. El más sombrío tenía solo un nombre, *BRUCE*, sobre un fondo negro.

Pero no todos eran tan tristes; muchos de ellos eran muy coloridos y tenían arcoíris. Una estrella fugaz con un rastro de arcoíris, un velero con banderas multicolores, un cometa atado con lazos de arcoíris, una lata de pintura sobre un camino de arcoíris con la frase *Peter, Peter el hombre pintor. Nos vemos del otro lado.*

Al mirar los paneles, intenté imaginarme a las personas reales a las que honraban, sentadas sobre los escalones del memorial. Todas sonreían. Ya no sufrían ni estaban enfermas. Ya no las despreciaban ni les tenían miedo.

Cerré los ojos y recé para mis adentros una oración por cada una de ellas.

Deseaba que estuvieran en paz.

Cuando abrí los ojos, solo estaban las telas.

Mamá me abrazó y nos quedamos allí durante unos minutos. Ninguna de las dos dijo nada, pero yo sabía que ambas estábamos pensando en papá.

Una nueva ronda de música llegó hasta nosotras.

—Vamos —dije segundos después—. Ya va a comenzar la marcha.

—¡Oh, Dios mío! —cerca de la línea de salida, Amber se detuvo en seco.

Seguí su mirada. Había dos siluetas altas con ropas ajustadas y llamativas. Tenían muchas curvas y parecían mujeres, pero eran demasiado robustas e imponentes.

—¡*Drag queens*! —susurró Amber con regocijo.

Le sonreí. Sí, tenía razón, eran hombres vestidos de mujer, algo que hasta el momento solo había visto en televisión. Parecían personajes ficticios; lucían muy elegantes y seguros de sí mismos. Llevaban bandas, como si fuesen las ganadoras de un concurso de belleza. Una vestía unos pantalones plateados brillantes y una boa negra de plumas, mientras que la otra llevaba unos pantalones rojos deportivos y el cabello rubio recogido. Ambas tenían tacones, demasiado maquillaje y tiaras que resplandecían bajo la luz del sol.

La banda de la que vestía pantalones deportivos decía Miss Gay Indiana, y la de la que llevaba la boa, Miss Gay Muncie, Indiana.

Me asombró muchísimo que hablaran con tanta comodidad, a pesar de ser tan *diferentes* al resto de la gente. Habría querido compartir al menos una pequeña fracción de su orgullo.

—¡Paige! —mamá debía de haber advertido mi admiración—. ¡Tómate una foto con ellas!

—Oh, mamá, no van a querer…

—Hola —antes de que pudiera continuar, mi madre ya las estaba saludando—. ¡Mi hija también ganó un certamen de belleza!

—Mamá —murmuré, totalmente avergonzada.

Pero se nos acercaron enseguida con una amplia sonrisa. Me preguntaron en qué concursos había participado y me felicitaron por las victorias.

—¡Sonrían! —exclamó mamá mientras hablábamos.

Sin vacilar, me abrazaron de inmediato. Mi cabeza apenas llegaba al pecho de Miss Gay Indiana, pero estar allí junto a ellas me hacía sentir a salvo. No podría explicarlo con palabras, pero hacía mucho tiempo que no disfrutaba de esa sensación. Mamá tomó algunas fotografías y todos nos reímos a carcajadas.

Una vez que nos despedimos, me di cuenta de que me sentía más cómoda que antes de haberlas conocido. De hecho, todas estábamos más animadas. Pasar el tiempo con personas que no temen ser ellas mismas genera una enorme sensación de libertad.

La caminata en sí no fue larga. Nos dirigimos hacia el sur por la calle Meridian, al este por el costado del canal y luego dimos la vuelta para regresar a donde estaba el memorial, la colcha y los puestos. La gente no cesaba de vitorear y aplaudir. Recorrimos aproximadamente cinco kilómetros en total.

Los recuerdos que guardo de aquella experiencia son imágenes fragmentadas: un joven con una camiseta que decía *Vivir y amar la vida*; una mujer mayor con el cabello blanco recogido hacia atrás, que llevaba un letrero que decía *Te extraño todos los días*; un hombre que chocaba los cinco cuando pasábamos junto a él; perros con pulóveres rojos que trotaban al lado de los caminantes.

Mi madre tenía las mejillas enrojecidas y la respiración entrecortada por el calor del sol; mis amigas reían, como si todo eso fuera normal, y Erin avanzaba con un tatuaje de un moño rojo en el rostro.

Sin embargo, lo que más me quedó grabado no fue una imagen, sino la sensación de haber despertado de un prolongado sueño.

Mucha gente me juzgaba por el virus que tenía dentro, pero allí, entre esa extraña multitud de hombres vestidos de mujeres, mascotas con tutús de arcoíris y otras personas que celebraban, homenajeaban a sus seres queridos con los corazones partidos y luchaban, nadie se burlaba de mí. Me aceptaban tal cual era.

En Clarkstown vivía marginada, pero allí no

Mientras cruzábamos la línea de llegada, varias porristas nos alentaban.

"¡VIVA, VIVA, VIVA!"; por un instante, me uní a sus cantos.

Aunque extrañara formar parte del equipo de las porristas, tenía que admitir que me resultaba muy agradable tener personas que *me* alentaran.

Sería lindo contar mi historia uno de estos días, pensé al recordar la tarjeta de Marie dentro de mi bolsa.

Durante la Marcha de Indiana por el sida me sentí muy liberada
porque nadie me miraba diferente por tener VIH. Por primera vez en mucho
tiempo, descubrí que podría existir un lugar donde sintiera que pertenecía.

Dos meses más tarde, hablé frente a un público reducido en un concurso de talentos para adolescentes. Era una sala grande y abierta. Había doscientas personas —casi todas desconocidas— sentadas sobre sillas plegables, esperando a que yo empezara a contar mi historia. Estaba aterrada.

—¿Cuál es el problema, Paige? —me había preguntado mamá—. Ya ganaste varios concursos de belleza y sabes cómo hablar en público.

Ella no comprendía que los certámenes de belleza eran espectáculos no reales y las preguntas que nos hacían —¿vagón de cola o locomotora?— eran por pura diversión.

En los concursos, tenía todo bajo control, fingía ser fuerte y alegre, y no debía enfrentar a una tribuna para decir cosas como *Tengo una enfermedad.*

Por culpa de ella, perdí varios amigos.

Me hicieron daño.

Todo parece estar fuera de control.

En los certámenes, no tenía que admitir la verdad, como debía hacer aquella noche, ni confesar que sí tenía una enfermedad, sí me habían hecho daño y no tenía nada bajo control.

Mientras aguardaba detrás de escena, escuché cantar a todo pulmón a varios chicos que no conocía. Bailaron coreografías de hip hop y recitaron sus propios poemas. A lo largo de la sala, la Red de Ministerios por el sida realizaba pruebas de VIH y repartía folletos sobre diferentes enfermedades.

Toda esa situación me parecía muy lejana porque solo me podía concentrar en un trozo de papel que sostenía con las manos temblorosas. Me volví hacia la audiencia en busca de los pocos rostros que conocía: el de mamá, el de Amber y el de Marie, la mujer que había conocido en la Marcha de Indiana por el sida.

Respiré hondo y me obligué a mantener la calma. A continuación, me acerqué al micrófono.

—Soy Paige Rawl —dije con la voz entrecortada—. Tengo catorce años y sufro una enfermedad llamada VIH.

No pude alzar la vista durante el resto de la historia. Hablé sobre la pérdida de amistades, la indiferencia de los profesores y el personal administrativo, los hostigamientos y los ataques de epilepsia.

El salón estaba en silencio.

Mi siguiente recuerdo es que, al terminar, la gente empezó a aplaudir. Una vez que miré al público, sentí que me quitaba un gran peso de encima.

Tal vez ya no tenía nada que esconder.

Secundaria en Herron

*La secundaria en Herron fue estupenda. Allí me sentía contenida
y a salvo. Pero, aunque nadie lo supiera —ni siquiera yo—,
aún lidiaba con todo lo que había vivido antes.*

Visité la secundaria Herron por primera vez durante mi octavo grado de secundaria.

Durante casi un año, había permanecido en mi casa junto a mi madre. Había estudiado Historia, resuelto exámenes, calculado fracciones y porcentajes, conjugado verbos y asimilado la cadena alimenticia. Todo lo había hecho sola.

Los fines de semana, veía a Erin, a Mariah, a Amber y a otras amigas, siempre y cuando no estuvieran ocupadas con tareas para la escuela.

Pero la mayor parte del tiempo —al menos, cinco días a la semana— estaba sola.

Desde que había dejado Clarkstown, algunas cosas habían mejorado: no había vuelto a sufrir ataques de epilepsia, dormía mejor por las noches, ya no me hacía cortes en las muñecas, no rechinaba los dientes y los dolores de estómago habían desaparecido casi por completo.

Pero para mí no era suficiente porque ansiaba reír con amigos, formar parte de algo, ver a otras personas cuando alzaba la vista de la computadora —más allá de las paredes de mi casa—, hacer deporte, estar en el equipo de porristas, cantar y bailar. Quería algo más que mi mamá y yo, esta casa, este sofá, esta televisión y esta pila de libros.

Un familiar me había hablado de la secundaria Herron, que parecía muy distinta a mi colegio anterior. *Es una escuela subvencionada por el Estado con formación tradicional en humanidades*, decía la página de Internet. *Integra conocimientos, forja el carácter y valora el servicio a la comunidad.*

Sabía que contaban con un coro de concierto de nivel avanzado y a mí, desde pequeña, me fascinaba cantar. Eso era importante. Pero, más que nada, me llamaban la atención las palabras *conocimientos, carácter y comunidad.*

Hice especial hincapié en *comunidad*.

El edificio del colegio, ubicado en el centro de la ciudad, había sido antes el Museo de Arte de Indianápolis. Tenía techos altos, una gran escalinata, y mármol y ventanas por todos los rincones. La primera vez que lo visité le había dicho a mamá que parecía una escuela de Nueva York, París o Londres.

Sentía que me hallaba a miles de kilómetros de Clarkstown.

Además, había notado que los estudiantes no se movían en pequeños grupos, sino que todos interactuaban entre sí.

También había advertido que los profesores tenían pequeñas esculturas sobre los escritorios: bustos que parecían antiguos.

Tomé asiento en la clase de Latín y escuché cómo el profesor enlazaba hábilmente las conjugaciones de los verbos con la mitología griega. Me encantaba que él moviera los brazos todo el tiempo. Cuando salía del aula, le eché un vistazo a la escultura, pero no pude reconocer al personaje que representaba.

—Es Aristóteles —exclamó él al darse cuenta de que la estaba mirando—. ¿Sabes algo de Aristóteles?

Negué con la cabeza al mismo tiempo que tomaba el pequeño busto.

—Creía en el carácter y en la virtud.

Asentí como si comprendiera.

—Creía en la educación, en la utilización del conocimiento para convertirnos en la mejor versión de nosotros mismos —continuó el profesor—. ¿Qué opinas de esto?

—Creo que no todas las personas lo hacen —respondí luego de encogerme de hombros, mirar durante unos segundos la pequeña estatua y alzar la vista hacia él.

—También encontrarás esculturas de Platón, Shakespeare y muchos otros— rio él—. Cada año nos toca uno distinto. Nos hacen recordar que debemos dejar nuestra huella en el mundo, siempre orientados hacia el bien.

Asentí y empecé a caminar hacia la puerta.

—Oye, Paige —exclamó. Me volví y él agregó con sinceridad—: Espero verte por aquí.

Esa era otra cosa que me había sorprendido: la forma en que los profesores interactuaban con los alumnos. Se mostraban relajados y atentos. Miraban a los ojos a los estudiantes. Me miraban *a mí* a los ojos.

Esta escuela era muy acogedora y, al mismo tiempo, un desafío. Después de todo, tal vez existía un colegio para mí.

Más tarde, mamá y yo fuimos a hablar con la señora Lane, la asistente del director de la secundaria Herron. Era una mujer seria y agradable, pero no tenía una falsa sonrisa impregnada en el rostro.

Me gustaba eso porque ya no confiaba en las sonrisas forzadas.

Mamá estaba muy nerviosa mientras le explicaba lo que me había ocurrido en Clarkstown. La señora Lane escuchaba atentamente y, por momentos, me miraba y sonreía.

—Paige tuvo muchos problemas en su antigua escuela —empezó mi madre rápidamente—. Tenía muchos amigos pero, luego de un episodio, comenzaron a hostigarla.

—Lamento escuchar eso —dijo la señora Lane—. Quiero que sepa que en Herron no toleramos ninguna clase de hostigamiento.

—Me refiero a que ella formaba parte del grupo, pero luego la excluyeron —continuó mamá—. Se pusieron en su contra, como una manada de animales.

La señora Lane asintió con la cabeza y abrió la boca para agregar algo, pero mi madre seguía hablando.

—Tampoco fueron los chicos que uno esperaba, sino los llamados "chicos buenos", con medallas de honor y buenas familias. Totalmente desalmados y crueles. Y nadie hizo nada al respecto, la escuela ni siquiera…

—Señora Rawl…

—Luego dejaron que Paige se fuera y le dijeron que no podrían garantizarle protección. Es como si se hubieran dado por vencidos y…

—Eso debe de haber sido…

—Así que ahora está en casa, no puede disfrutar de las cosas que le gustan, no tiene desafíos y no puedo creer que…

—Señora Rawl —comenzó la señora Lane con la voz calma—. Quiero asegurarle que Herron no tolera…

—Nunca hicieron nada. No castigaron a nadie. Lo que ella necesita…

–Mamá –intervine yo.

–Es una escuela donde…

–Mamá.

–Ella pueda estar a salvo de…

–*¡Mamá!*

Mi madre levantó la vista, al mismo tiempo que yo miraba a la señora Lane.

–No toleramos ninguna clase de hostigamiento en Herron, señora Rawl –repitió.

Mamá procesó la información con el ceño fruncido.

–Pero son chicos… ¿cómo se aseguran de que…? –se detuvo.

–Simplemente no lo toleramos. Los chicos están a la altura de las expectativas que establecemos. Así de sencillo.

–Bueno, de acuerdo –mamá miró hacia adelante y hacia atrás, completamente confundida. Segundos después, se relajó un poco y añadió–. Está bien, está bien.

Así que puede ser así de sencillo, pensé. *Simplemente no lo toleran.*

Mamá hurgó en su bolsa y sacó el artículo de *The Indianapolis Star* que hablaba sobre nuestro juicio. Hasta ese momento, no había dicho nada de mi VIH.

–Debería saber que esta es ella –le alcanzó el periódico a la señora Lane–. Es la historia de Paige.

–Lamento mucho que te haya ocurrido esto –dijo, mirándome a los ojos, luego de leer el artículo–. Aquí no te pasará nada de eso –afirmó con la voz llena de confianza y determinación.

El juicio se hacía interminable. Cada vez que llamaba el abogado, mamá se ponía furiosa.

—¿QUÉ dijeron? —gritaba—. ¡Eso no fue lo que sucedió!

Cuando cortaba la comunicación, la fastidiaba con preguntas y, al final, me respondía.

El abogado de la escuela insinúa que los ataques de epilepsia no fueron por estrés, sino por el golpe que sufriste cuando te caíste haciendo la pirueta con las porristas.

(*¿Quéee?*, había gritado yo. *Me hicieron una resonancia magnética y mi cabeza estaba bien. Ni siquiera tuve una conmoción cerebral. ¿Y cómo explican el hecho de que los ataques desaparecieran cuando me fui de Clarkstown?*).

No lo sé querida, diría también. *Sostienen que jamás recibieron las notas que le dejé a la señorita Fischer.*

(*Es una broma, ¿no es cierto?*, respondía yo. *O están mintiendo o son completamente incompetentes, mamá*).

Luego mi madre suspiraba y yo me encerraba en el baño a escuchar música o dentro de mi habitación y me cruzaba de brazos.

Pero allí en Herron, la señora Lane me aseguraba que no ocurriría lo mismo. El contraste entre el *Aquí no te pasará nada de eso* y el débil *No puedo garantizarte protección* de la señorita Fischer era muy drástico.

—Gracias por compartir esto conmigo —la señora Lane se volvió hacia mi madre—. ¿Le molesta si hago una copia?

—No, supongo que no —mamá sacudió la cabeza.

La señora Lane se puso de pie y se retiró de la oficina por unos minutos.

—Creo que este es mi lugar —dije a mi madre—. Voy a estar muy bien aquí.

Luego de completar la inscripción, mamá y yo nos reunimos con la enfermera de la secundaria Herron. Todavía estábamos en verano, pero mi madre quería hablar con ella de mis medicamentos y de los ataques de epilepsia, en caso de que volvieran a aparecer. Mientras ellas conversaban, yo observaba la oficina. De pronto, mis ojos se toparon con una bolsa blanca de plástico que estaba apoyada contra el escritorio. Tenía un lazo rojo y decía FONDO DE INDIANA PARA EL SIDA. Me acerqué a ella y, al tomarla, me di cuenta de que estaba repleta de panfletos.

—Busqué un poco de información —dijo la enfermera sonriendo—. Porque quiero hacer lo mejor posible para adaptar a un estudiante con VIH.

—¿Usted hizo eso? —mi madre quedó boquiabierta.

—Por supuesto que lo hice —respondió, un poco sorprendida ante la reacción de mamá—. La escuela necesita estar informada —miró a mamá y luego a mí—. Es nuestra responsabilidad porque Paige es una de nuestras estudiantes —agregó de modo frontal—. Me refiero a que debemos aprender todo lo posible si queremos que nuestros alumnos logren los mejores resultados —concluyó.

De inmediato, me acordé de aquella vez en que había estado sentada en la oficina de la señorita Ward, hacía dos años, cuando me había aconsejado que negara mi condición de VIH positivo. Recuerdo su rostro alegre y animado frente a lo que ella creía que era una estupenda idea.

Solo entonces comprendí la reacción que habría deseado que tuviera la señorita Ward. Después de todo, podría haber dicho varias cosas, como: *Gracias por compartir esto conmigo. Lamento que estés pasando por esa situación* o, incluso, *¿Cómo podríamos ayudarte?*

Y si no hubiese sido capaz de decir esas cosas, al menos podría haber comentado que no sabía mucho sobre el VIH, ni cómo lidiar con la situación, pero que aprendería más al respecto.

Esto último habría sido lo mejor, ya que probablemente no sabría cómo ayudar a un estudiante con VIH, pero tendría que haberse informado más para poder guiar al resto. Así de simple.

Podría haberse mostrado más valiente y decidida. La expresión de su rostro no me había ofrecido ninguna clase de ayuda y por eso la detestaba. Juro por Dios que odiaba a la señorita Ward y a todas las personas que había dejado atrás. Cada vez que las recordaba, me amargaba.

Me volví hacia mi madre, que estaba hablando con la enfermera. Tenía los ojos llenos de lágrimas. Por primera vez, se sentía aliviada y verdaderamente acompañada. Me le acerqué y ella me sonrió con tanta calidez y felicidad que habría querido guardar esa sonrisa en un frasco, para poder tenerla siempre a mano. Apoyé la cabeza contra su hombro y ella me besó la cabeza.

Desde el principio, Herron me pareció una escuela muy prometedora.

Tenía razón; era el sitio perfecto para mí. Era y es un lugar muy bueno.

Pero todavía había algunas cosas que no comprendía.

No había asimilado que mis experiencias pasadas —el apodo, las notas, la sensación de que todo estaba fuera de control, el aislamiento y el terrible año de soledad— se habían arraigado profundamente en mi interior con un impacto similar al de un virus.

Ni siquiera un cambio de escenario positivo —a un lugar mejor, donde se esforzaban por recibirme de la mejor manera— sería suficiente para deshacer lo que ya estaba hecho.

Tenía un lado oscuro que permanecería dentro de mí por un tiempo más.

Ni Herron, ni la señora Lane, ni la enfermera, ni Aristóteles serían capaces de expulsar ese lado oscuro.

Solo yo podría hacerlo, pero aún no estaba lista.

Escape

Muchas veces, los momentos más importantes de la vida ocurren sin ninguna reflexión previa.

Era septiembre y estaba en noveno grado. Hacía un mes que asistía a la secundaria Herron y nada malo había pasado; por el contrario, me encantaba el lugar.

Había empezado las clases más tarde porque, justo después del Día del Trabajo, me habían diagnosticado una meningitis grave. Tenía fiebre alta y me dolían la cabeza y el cuello. No era una enfermedad corriente porque había aparecido de la nada, y al final del día estaba internada en el hospital.

Cuando regresé a casa, mis futuros compañeros de escuela ya conocían todos los corredores del edificio del colegio.

Ni siquiera había empezado y ya estaba en desventaja, lo cual me ponía aún más nerviosa.

—Te va a gustar Herron, Paige —me había animado mamá, mirándome a los ojos—. De veras creo que va a ser así.

Me había curado de la meningitis y mi madre estaba en lo cierto; me sentía muy contenta en Herron.

Me gustaba que la escuela exhibiera las obras de arte de los estudiantes y que el edificio tuviera aspecto de museo, con las molduras en forma de espiral y las barandas de hierro de las escaleras de mármol.

Me agradaba poder hablar con cualquier en los pasillos y poder sentarme con cualquiera durante el almuerzo. Gracias a eso, jamás me sentía excluida.

Me gustaba que los profesores nos trataran como si fuéramos adultos responsables y la forma en que dictaban las clases. También me agradaba compartir el aula con más de veinte chicos que abrían el libro de texto al mismo tiempo.

Me agradaba no sentirme sola.

Pero, fuera de la escuela, mamá y yo organizábamos una fecha de audiencia para llegar a un arreglo con la justicia. Me exasperaban las reuniones con los abogados, las llamadas telefónicas y las charlas interminables sobre lo ocurrido en Clarkstown. No entendía por qué todo era tan complicado.

¡Esto es lo que me pasó en Clarkstown! ¡Exactamente como lo estoy contando!, quería gritar.

Tenía la sensación de que todos pensaban que estaba mintiendo.

Así que estaba el asunto de la meningitis y del juicio. Pero juro que no era solo eso. Tampoco tenía nada que ver con Herron.

Me sentía mal por otra cosa, pero recién hoy en día me doy cuenta de los indicios. Por ejemplo, el primer día de entrenamiento de fútbol en Herron, me había puesto tan nerviosa que había comenzado a temblar. Luego había vomitado y me habían llevado al automóvil de mamá.

A la gente le había dicho que se trataba de una infección en el estómago.

También me sucedían otras cosas: lloraba mucho, me angustiaba sin motivos y a veces me costaba respirar. Sentía que el mundo se cerraba cada vez más sobre mí y que el aire era tan espeso que comenzaba a sofocarme.

Y, en otras ocasiones, me sentía enajenada, como si la mente se hubiera separado de mi cuerpo. Me movía por inercia, de forma automática y sin pensar, en dirección a algo específico.

Eso fue lo que me ocurrió una tarde, después de cenar. Mamá se quedó en la cocina mirando televisión y yo me dirigí al baño. Mis pies caminaban solos; daban uno, dos, tres, cuatro pasos. Una vez allí, observé las toallas con flores, que eran de color marrón y turquesa, estaban dobladas en perfectos cuadrados, y combinaban con las cortinas y el tapete de la bañera. El secador de cabello colgaba de un gancho junto al lavabo, sobre el que había un vaso vacío y, también, recipientes con jabón para las manos y loción de mantequilla de cacao, ubicados en ángulo como si fueran dos sillones en una sala o en el consultorio de un psiquiatra.

Al cerrar la puerta, me topé con el mueble blanco, que era un poco más alto que yo, y lo abrí.

A veces, las cosas que nos rodean son como una naturaleza muerta pintada al óleo, una de las fotografías instantáneas que colocamos dentro de los casilleros o un cartel de publicidad. Las llegamos a conocer tanto que nos da la sensación de que existen desde siempre en nuestra memoria.

En el estante de abajo, estaba el limpiador líquido junto con las curitas, las gasas, el antitranspirante y el jabón de tocador. En el segundo estante, estaban el desinfectante, la espuma para el cabello, las pastillas para la tos y el enjuague bucal. Uno más arriba, estaban las cremas dentales de repuesto, el canasto rosa repleto de esmaltes para uñas y los hisopos. Durante un breve instante, me pregunté si alguien en el mundo terminaría la caja completa de hisopos.

Como me detuve a pensar eso, era evidente que al menos estaba usando un poco la cabeza.

Pero fue el estante superior el que captó mi atención, porque allí guardábamos todos nuestros estúpidos medicamentos: las píldoras de caballo que mi madre y yo tragábamos todos los días para intentar mantenernos con vida; las pastillas que tomaba para recuperar el apetito, mantener el peso y poder terminar los postres que mamá me daba continuamente; las medicinas para lo que ahora llamaba "los ataques de epilepsia inducidos por Clarkstown"; las que mamá tomaba ocasionalmente cuando sufría ataques de pánico, es decir, cuando la invadía el estrés por el esfuerzo que le requería mantenerme a salvo. Pero yo no quería ninguno de esos.

Levanté la mano sin pensar, como si le perteneciera a otra persona, y alcancé las pastillas que mamá tomaba para dormir de noche.

Los somníferos.

Ya había leído las advertencias.

Tomé un puñado sin contar la cantidad exacta, llené el vaso con agua y, una a una, las fui tragando.

Una.

Dos.

Tres.

Cuatro.

Hasta llegar a quince, que eran los años de edad que tenía.

No me costó hacerlo porque era experta en tomar pastillas.

Me miré al espejo durante un instante, mientras cerraba el frasco de medicamentos y lo guardaba en el armario.

Inmediatamente después, me senté a esperar en el extremo de la bañera. Tenía la extraña sensación de que nada de eso era real… y de que le estaba ocurriendo a otra persona.

Al principio, no pasó nada y, minutos después, tampoco. La luz del baño titilaba.

De pronto, me empezaron a pesar los párpados y, un rato más tarde (¿Cuánto tiempo? ¿Diez minutos o veinte? No lo sabía), comencé a sentirme fatigada. Necesitaba dormir.

Me puse de pie. La bombilla zumbaba con fuerza. También me perturbaban otros sonidos, como el de la puerta que se abría y se cerraba, el de los pasos que daba hacia mi dormitorio y el de mi madre que abría las gavetas en la habitación de al lado. Había demasiadas luces y colores.

Todos mis sentidos se habían agudizado y lo único que quería era cerrar los ojos. El mundo era demasiado ruidoso y complicado, por lo que el descanso me parecía la mejor opción.

Si dormía, no tendría que pensar en las audiencias judiciales, ni en cruzarme con un grupo de chicos, ni en dar explicaciones.

Durante el sueño, podría erradicar los sonidos y descansar.

Cerré la puerta de mi dormitorio y me recosté sobre la cama. En la cocina, mamá estaba mirando un programa de noticias o de celebridades, lo cual no era lo mismo. Escuché que un famoso había entrado en un centro de rehabilitación, pero no me importaba de quién se trataba. No me importaba nada porque todo me aturdía.

Debería contarle a mamá, pensé. *Debería decirle que el sueño calma. A ella también le vendría bien un poco de tranquilidad.*

Al fijar la vista en el techo, me pregunté si realmente estaría girando o si sería producto de mi imaginación.

Cerré los ojos y el mundo empezó a desvanecerse.

De pronto, intenté incorporarme, pero me resultó bastante difícil, como si estuviera tratando de controlar los brazos y piernas de otra persona.

Me dirigí hacia la puerta y tomé el picaporte. *Sí, este es el picaporte,* pensé. Era redondo y frío. Lo giré y caminé hacia la cocina.

Los labios son muy extraños cuando no funcionan bien. No podía articular palabras sin hacer gran esfuerzo.

—¿Mamá?

—¿Sí? —se inclinó sobre la mesada sin sacar los ojos de la tele.

—Mamá, creo que hice algo estúpido.

Debió de haber notado algo raro en mi voz, porque se volvió de inmediato, con una expresión completamente distinta, y me inspeccionó de arriba abajo.

—¿Qué cosa? —su voz era casi un susurro y expresaba un sentimiento que nunca antes había presenciado. *Pánico*, pensó la parte desconectada de mi cerebro. *Es el sonido del pánico.*

¡Oh, no! ¡La estoy preocupando nuevamente!

—¿Qué hiciste, Paige?

—¿Mamá? —no quería asustarla, pero su tono de voz me alarmaba—. ¿Mamá? —hablaba como una niña y no reconocía mi propia voz.

—¡Oh, Dios mío, Paige! ¿Qué hiciste? —exclamó mientras se me acercaba a toda prisa.

—Tomé las pastillas —dije lentamente.

—Oh, Dios mío —susurró.

—Creo que tenemos que ir al hospital, mamá.

De un segundo a otro, me sujetó del brazo, tomó las llaves del automóvil y me arrastró hacia la cochera. Dejó las luces y la televisión encendidas.

—Oh, Dios mío, Paige. Oh, Dios mío. Oh, Dios mío.

Y así, me acomodó dentro del vehículo y me puso el cinturón de seguridad con las manos temblorosas. Luego recorrimos el camino que conocía tan bien, cuyo destino final era Riley.

—¿Qué pastillas, cariño? —me hacía demasiadas preguntas.

—Trazodona.

—¿Cuántas?

Permanecí en silencio porque me costaba articular las palabras.

—¿Cuántas, Paige? ¡Dime cuántas! —gritó.

Me di cuenta de que tenía los dedos muy blancos porque presionaba el volante con mucha fuerza.

—Quince —respondí finalmente. Mi voz apenas podía percibirse, pero advertí que ella se quedaba sin aliento.

Conducía más rápido que nunca. Pero, para mí, el tiempo pasaba, simultáneamente, de forma veloz y lenta, como si el vehículo perteneciera a una zona horaria diferente de la mía.

Como nos balanceábamos de un lado hacia el otro, me resultaba difícil mantener la vista en un solo lugar. Lo único que deseaba era apoyar la cabeza y cerrar los ojos, aunque tan solo fuera por un instante, pero cada vez que intentaba hacerlo, pasábamos por un bache y me chocaba contra la ventanilla.

—¡Quédate despierta, Paige! —me gritaba mamá mientras me sacudía el brazo—. Cariño, no puedes dejar que te ganen. No puedes hacerlo. No vale la pena.

No podía asimilar sus palabras porque eran demasiadas y se mezclaban entre sí.

—¿Por qué lo hiciste? —me preguntó, pese a que no esperara una respuesta.

—Oh, Paige, ¡mantente despierta! ¡Dios mío, Paige!

Llegamos al estacionamiento y, en un abrir y cerrar de ojos, ya estaba fuera del automóvil y me sujetaba para que descendiera. Se movía con demasiada rapidez.

—Vamos.

Traté de ponerme de pie, pero mi cuerpo no funcionaba bien. Sentía que me encontraba debajo del agua.

—¡Socorro! —vociferó hacia todos lados—. ¡Es una emergencia! ¡Dios mío, ayuda, por favor!

La situación parecía una escena de las películas de televisión que solíamos ver con mi madre por las noches y con las que llorábamos cuando terminaban. La diferencia era que, en ese caso, ambas formábamos parte del film, ya que todo ocurría a nuestro alrededor.

Inmediatamente después, quedé rodeada por un grupo de gente y mi madre desapareció de mi lado. No me importaba el cansancio que sentía ni lo mucho que me costaba hablar. Me sacaron del estacionamiento y pasamos por unas puertas corredizas. Luego apareció una enfermera y me llevaron a una habitación luminosa.

Entraban y salían personas desconocidas que me llenaban de preguntas.

Pasé la noche en el hospital Riley para que me pudieran controlar el ritmo cardíaco. No podía estar sola ni para ir al baño porque estaba bajo vigilancia por intento de suicidio.

Pero estaba tan cansada que no me importaba.

Dios mío, estaba fatigada.

Luces brillantes. Batas blancas. Personas con ambos de médicos. ¿Por qué en los hospitales todos se vestían igual? Apenas podía distinguir quiénes eran los doctores y quiénes los del personal de limpieza.

Entraban y salían.

Me daban una bebida negra horrible que me retorcía el estómago de dolor.

Carbón activado, ritmo cardíaco irregular, posibles daños de órganos, eran los murmullos que escuchaba.

Vomité varias veces dentro de un balde.

Parece bastante grave.

Me dormí y luego me desperté con alguien que me daba la mano. Cuando abrí los ojos nuevamente, ya no estaba esa persona sino otra.

Mamá aparecía, desaparecía y volvía a aparecer. Muchos susurros. Luces intermitentes, cuyo zumbido me recordaba al de las bombillas del baño de casa.

¿Cuánto tiempo había pasado desde aquel momento? ¿Una hora? ¿Un día? Tal vez, toda una vida.

—¿De verdad querías quitarte la vida? —me preguntó uno de los empleados en algún momento de la noche.

Probablemente, ya habría vuelto en sí porque era consciente de la respuesta a aquella pregunta.

Quizá, si esa era la única manera de que todo terminara. De una forma u otra, quería que todo —los comentarios, la soledad, el malestar que sentía conmigo misma y el temor de que nada mejoraría— llegara a su fin.

Le di la espalda y me quedé mirando la pared.

Por la mañana, me vino a visitar la doctora Cox. Para ese entonces, ya había vuelto en sí y había recuperado el control como para imaginarme la llamada que ella habría recibido.

Paige Rawl está en el hospital luego de un intento de suicidio, alguien le habría dicho.

Al recordar todo lo que ella había hecho por mí durante todos esos años y cuánto se había esforzado por mi salud, me sentí avergonzada. Años antes, pensaba que sería imposible sentir vergüenza ante la doctora Cox.

—... no hay daños permanentes —decía la doctora Cox—... todo estará bien.

No hay daños permanentes.

Cerré los ojos.

—Pensé que estabas mejor, Paige —me dijo ella con calma—. Pensé que las cosas estaban mejorando.

—Así es —asentí—. Eso es lo raro.

Quería explicarle las ganas que tenía de que todo se terminara. Deseaba que muchas cosas se terminaran de una vez por todas, como el temor de que la situación en Herron empeorara como en Clarkstown, el profundo cansancio que me había provocado la meningitis, la conmoción por aquella internación tan repentina, el estrés del juicio por las preguntas de los abogados y por el hecho de tener que defenderme de varias personas que continuaban con sus vidas como si nada hubiera ocurrido.

Además, no sabía qué efectos podrían tener las pastillas que había ingerido en combinación con la medicación para el VIH, los antidepresivos o las drogas que tomaba por la falta de apetito que me provocaban los medicamentos anteriores. ¿Cómo iban a interactuar todas dentro de mi cuerpo?

Pero, más que nada, sabía que mi madre estaba en lo cierto: los chicos de Clarkstown me habían afectado profundamente, del mismo modo que un pequeño virus había transformado las células que debían protegerme en mis propias armas mortales.

Quería expulsarlos. Haría todo lo que fuera necesario con tal de quitármelos de encima.

Poco después, me subieron a otra ambulancia —tenía quince años y ya había viajado en demasiadas—, y, cuando cerraron las puertas, desaparecieron los médicos de terapia intensiva que habían luchado por mantenerme con vida. Avanzábamos lentamente, a diferencia de las veces que había sufrido ataques de epilepsia.

Estaba dejando atrás mi segundo hogar, el hospital Riley, que tanto conocía. Adelante, me esperaba un "centro para el tratamiento del estrés" solo de adolescentes. La enfermera me estaba diciendo que se trataba de un lugar muy seguro.

Y, para que fuera de esa forma, cerrarían con llave la puerta de la habitación y se llevarían mis zapatillas y cinturón.

Centro para el tratamiento del estrés

Bob Esponja es el primer recuerdo que tengo del pabellón del lado norte.

Estaba en la sala común —una habitación muy grande—, en donde había una televisión que pasaba dibujos animados. Calamardo Tentáculos intentaba enseñar a Bob Esponja y a otras criaturas marinas a tocar instrumentos musicales, y, cada vez que los personajes los soplaban, salían burbujas.

Había algunos chicos mirando la pantalla desde diferentes mesas, pero ninguno reía.

Ya había caído la tarde y había estado respondiendo preguntas durante todo el día: *¿Cómo te sientes ahora? ¿Escuchas voces? ¿Los medicamentos?*

Mamá se había quedado a mi lado, como de costumbre, hasta que una enfermera le había dicho que era hora de partir.

—No te vayas —le había rogado sin quitarle los brazos de encima—. Por favor, no me dejes sola aquí.

No conocía ese sitio, simplemente sabía que no era mi hogar, y por eso, lloraba a los gritos sobre su hombro.

Pese a que me observó mientras abrazaba a mi madre como si fuera una pequeña niña y escuchó mis sollozos ahogados, la enfermera no mostró disgusto ni sorpresa. En aquel preciso instante, comprendí que un centro para el tratamiento del estrés era muy diferente a una escuela. Allí no había que disimular la tristeza, ya que era algo tan común que no molestaba.

Mamá aprovechó para envolverme entre sus brazos y acariciarme el cabello hasta que la enfermera la llamó para que se fuera. Al escuchar su nombre, se apartó de mí y corrió hacia la puerta, sin mirar atrás. Era evidente que estaba muy triste y también preocupada.

Mis rodillas estaban tan debilitadas que tenía miedo de desmayarme.

De hecho, quería dejarme caer sobre el suelo allí mismo.

Pensar que el día anterior había estado haciendo la tarea y, ahora, mamá se estaba yendo y me estaba dejando del lado equivocado de la puerta.

Al echar un vistazo por la sala común, advertí que los pantalones de pijama y de deporte eran la moda del lugar. No había ni un solo espejo ni fotografías, y aquellos chicos, vestidos con camisetas viejas, parecían no conocer la alegría. Me quedé mirando a uno en particular, que era alto y enorme. Llevaba sandalias, pantalones cortos de baloncesto y una enorme camiseta del Monstruo de las Galletas, de Plaza Sésamo. Probablemente pesaría cuatro veces más que yo. Estaba sentado con la espalda encorvada, la vista fija en el suelo y la boca abierta.

De ninguna manera estoy aquí con esta gente, pensé. *No es posible que esto sea real.* Tenía la sensación de que me iba a devorar su tristeza.

El Monstruo de las Galletas levantó la mirada y me saludó. Me volví y, en ese preciso instante, escuché una voz a mis espaldas.

—Oh, gracias a Dios que *estás* aquí —dijo una voz masculina con entonación femenina. Era un chico delgado con la piel morena que se me acercó y me sujetó del brazo. Actuaba como si me conociera de toda la vida, pero estaba segura de que nunca antes lo había visto—. Eres de los comunes y corrientes, ¿no es cierto? Gracias a Dios, porque estaba a punto de morir ante todo este panorama tan deprimente —me susurró.

Está bien, está bien. Podría sobrevivir a cualquier cosa —incluso a eso—, siempre y cuando tuviera un amigo.

Las actividades de la jornada consistían en una serie de diferentes reuniones de grupo, sesiones de ayuda y charlas para establecer objetivos, que debían ayudarnos a imaginar otras posibilidades de vida.

En la primera reunión de grupo, un líder que se llamaba Brendan pidió que nos presentáramos; teníamos que decir nuestro nombre de pila, edad y el motivo por el que estábamos allí.

Éramos aproximadamente diez personas sentadas en círculo en uno de los rincones de la sala común.

Louis, el chico que me había sujetado del brazo, vivía en un pueblo a setenta kilómetros de distancia. Sus padres eran muy religiosos y no lo entendían, así como él tampoco los entendía a ellos. En la escuela lo habían golpeado varias veces porque pensaban que era homosexual.

—Tal vez lo sea —dijo balanceándose hacia un lado y hacia el otro—. Pero no lo voy a decir.

Luego se volvió hacia mí y asintió de forma dramática, al mismo tiempo que articulaba las palabras "Sí, lo soy", como si nadie lo hubiera visto. Sorprendida, solté una carcajada, pero me contuve rápidamente, ya que aquel no parecía ser un lugar propicio para la risa.

Louis también dijo que había luchado contra la bulimia, que había tenido graves ataques de ansiedad y lo que su madre solía llamar *cambios de humor*, que en realidad eran días en los que no podía salir de la cama.

Sí, pensé, *comprendo perfectamente a lo que te refieres*.

—Soy Stacy —dijo otra persona para romper el hielo. Era una chica con el cabello negro y lacio—. Suelo frecuentar este lugar por TOC (trastorno obsesivo compulsivo), depresión y autolesiones —se cruzó de brazos—. Estoy pasando el mejor momento de mi vida. Mi vida es como las malditas fotos de la revista *Seventeen*.

Hubo, además, otras historias: una chica de catorce años, a la que la había violado uno lo de los miembros de la familia, y un chico gótico, cuyos ataques de ansiedad se habían intensificado luego de que enviaran a su padre a Afganistán (*Lo peor de todo es que sé que él se está preocupando por mí desde allá*, había dicho). Había otra chica —delgada y a la última moda— que no dijo nada. Vestía un amplio suéter y aferraba los puños de las mangas con sus manos, al igual que yo cuando me lastimaba las muñecas.

Conté los puntos esenciales de mi experiencia. Paige. Quince años. VIH. Acoso escolar.

—¿Tienes VIH? —Stacy tosió y me fulminó con la mirada—. ¿Por qué estás *aquí* con nosotros? —preguntó como si tuviera que estar en cuarentena.

¿Estás diciendo que no merezco estar ni siquiera aquí?

—Stacy, no hay ningún riesgo —la frenó Brendan. Y, mientras él hablaba, Louis señaló disimuladamente a Stacy e hizo una mueca.

Me alegraba que al menos no *todos* quisieran dejarme marginada.

—Paige —dijo Brendan—. Ellos ya lo escucharon antes, pero aquí en este *pabellón* aplicamos un modelo de cuidado enfocado en las fortalezas. Queremos que cada uno identifique sus fortalezas para utilizarlas en beneficio de su propia rehabilitación.

Durante los últimos quince minutos, con solo escuchar las historias, ya descubrí varias de mis fortalezas, pensé mientras asentía.

A diferencia de los otros chicos, no había sufrido adicciones, violencia, alucinaciones, psicosis ni comportamientos compulsivos. Para los estándares del centro, me encontraba bastante bien.

Aparentemente, se utilizaba muy seguido la palabra *bien*.

En todas las reuniones hablábamos sobre cómo nos sentíamos y nuestra respuesta era siempre la misma. *Bien*, solíamos decir uno detrás del otro, *estoy bien*.

Supongo que bien.

No lo sé, estoy bien.

Y, a continuación, alguno se largaba a llorar porque la verdad era que no estábamos nada bien.

Si hubiésemos estado bien, no habríamos estado allí en aquel círculo, no nos habrían controlado cada quince minutos y no habríamos llevado pantalones sin cinturones.

Por el contrario, habríamos estado al aire libre, en un partido de baloncesto, en el centro comercial o en la escuela. Habríamos formado parte del mundo exterior, rodeados de los que todavía parecían estar intactos.

No nos teníamos que vestir bien, ni cepillarnos el cabello, ni hacer la tarea, ni usar ropa deportiva, ni sonreír a las personas por los corredores. De hecho, no necesitábamos sonreír, ni mostrarnos felices, ni hacer sentir bien a los adultos. Solamente debíamos estar allí, tal como estábamos.

La gente no espera demasiado de los que hemos tocado fondo.

Teníamos una reunión tras otra. En una de ellas, hicimos el ejercicio de "escribir un pensamiento negativo y tres positivos".

Mi pensamiento negativo: *Estoy en un centro para el tratamiento del estrés porque tomé demasiadas pastillas.*

Mis pensamientos positivos:

1. *Estoy usando mis calcetines favoritos, que me regaló mi mamá, aunque no me permitan verla.*

2. *Me agrada cuando pasan música en la sala común y nos dejan estar tranquilos por un rato.*

3. *Esta mañana pensé en la pequeña escultura de Aristóteles.*

En otra de las reuniones, marcamos con un círculo nuestros rasgos positivos en una hoja de ejercicios (yo: *tolerante, independiente y de mentalidad abierta*; Louis: *sensible, realista, tonto y atractivo* —resaltado con un círculo de tres vueltas—). En otra oportunidad, identificamos los desencadenantes de nuestro estrés (yo: *todo lo relativo a Clarkstown*; Louis: *absolutamente todo*; Stacy: *este infierno*; chica a la moda: *la gente que me juzga*).

Sé que debería decir que detestaba estar encerrada allí; que los enfermeros eran terribles, incoherentes y autoritarios; que todos eran unos maniáticos rabiosos, y que no veía la hora de salir de allí. Pero la verdad es que no era tan malo. Más que eso, creo que el tratamiento era *bastante eficaz.*

Louis me hacía reír, y Stacy nos miraba y ponía los ojos en blanco, pero a veces lo hacía de forma amigable.

En mi segundo día, ella se sentó en el sofá junto a mí.

—A veces puedo ser una perra —me dijo—. Es parte de mi problema. Lo siento mucho.

—Está bien —respondí, encogiéndome de hombros.

Y de veras lo estaba.

Hasta el chico del Monstruo de las Galletas tenía arranques de bondad, pese a que pasaba la mayor parte del tiempo mirando hacia abajo. Una mañana, la chica a la moda empujó un tazón de cereales, que cayó encima del chico que estaba junto a ella (catorce años, TDAH, síndrome de Tourette, cambios de humor, probablemente trastorno bipolar).

Una enfermera se le acercó y le habló tan bajo que no logré escucharla.

—Estoy teniendo un momento de mierda —sollozó la chica.

Mientras ella lloraba, el Monstruo de las Galletas se puso de pie, tomó unas servilletas y comenzó a limpiar todo.

Te aseguro que eran los seres humanos más quebrantados que había visto en mi vida. Pero no lo sé. Tal vez su condición ayudaba a que comprendieran con mayor profundidad las miserias de los demás y a que fueran mejores personas.

—A ver si entiendo —me dijo Louis durante el almuerzo, mientras esperábamos a que nos trajeran las bandejas de comida de la cafetería. En una de las mesas cercanas, la chica a la moda pinchaba un pollo con la cuchara–. Soy homosexual y, aunque todos me digan que tengo sida, no es verdad. Y tú eres la chica más delgada y heterosexual que conozco, una reina de la belleza, y sí tienes sida.

–Sida, no –afirmé–. VIH.

–Sí, lo sé –dijo, haciendo un gesto con la mano. Como era su turno, dio un paso hacia adelante para recibir la bandeja.

–¿Nombre y cumpleaños? –le preguntó la enfermera. Era la pregunta que teníamos que responder cada vez que nos daban comida y que tomábamos medicamentos.

–Louis Mitchell, 18/7/93 –respondió con tono monótono. Luego me preguntó–:

–Pero ¿no te resulta un poco raro? ¿No te parece que tendría que ser al revés?

–Paige Rawl. 11 de agosto de 1994 –dije cuando me tocó a mí. De inmediato, me entregó la bandeja con una pizza.

–Supongo que sí –coincidí, encogiéndome de hombros–. Por cierto –añadí–, el abogado de Clarkstown insinúa que yo también podría sería homosexual –ya le había contado a Louis sobre el juicio, las llamadas de los abogados y la audiencia para llegar a un acuerdo que se llevaría a cabo dentro de pocos días.

–¿Qué? –exclamó con asombro–. No, espera un momento. Necesito escupir –bebió un sorbo de agua, dio una vuelta por la sala y, conmocionado, la escupió contra la pared de forma dramática.

De inmediato, miré al personal, pero nadie parecía haberlo advertido.

—Entonces… —continuó él—. ¿Ahora piensan que eres homosexual?

—No, pero mencionaron mis mensajes y, en algunos, llamo "cariño" a mis amigas —me encogí de hombros—. Así que mi madre me dijo que ahora sostienen que podría ser homosexual. Al menos, eso es lo último que me informaron.

—Pero… ¿por qué?

—Así pueden decir que la verdadera causa de mi estrés no fue el acoso escolar, sino el ocultamiento de mi orientación sexual —me arrepentí de mis palabras segundos después de haberlas pronunciado. No debería haberle dicho eso a un chico que era homosexual y estaba estresado por cómo lo habían tratado.

—¡A la mierda con esos imbéciles! —exclamó sin mostrarse afectado.

Sonreí porque eso era exactamente lo que se merecían.

—Hablando en serio —agregó—. Ahora ellos son los hostigadores. Me refiero al colegio. Te das cuenta, ¿no es cierto?

No lo había pensado de esa forma, pero tal vez él tenía razón. De hecho, cada vez que pensaba en el juicio —que en ese entonces no me dejaba dormir por las noches—, sentía la misma vergüenza que me invadía durante los años en Clarkstown.

—Están tratando de ganar el juicio.

—Que se vayan a la mierda —repitió.

Permanecimos allí, observando el agua del escupitajo que formaba un pequeño charco en el suelo.

—Los imbéciles —añadió.

Durante una de las reuniones, un chico me preguntó cómo había reaccionado ante el acoso de mis compañeros.

—Los ignoraba —expresé.

—Podemos simular que esas cosas no están pasando —dijo Brendan—. Pero, en verdad, aunque no reconozcamos los acontecimientos, ellos nos hacen mucho daño.

Me di cuenta de que él estaba en lo cierto. Yo no había ignorado los comentarios, sino que había fingido indiferencia.

—Paige, ¿te hicieron daño? —preguntó Brendan.

—Sí —asentí.

—¿Aún te duele?

Me mordí el labio e incliné la cabeza levemente en señal de afirmación.

—Es importante saberlo, Paige —concluyó Brendan—. Porque es la verdad y hay que aceptarla.

Llegó el día de la audiencia y yo continuaba en el centro para el tratamiento del estrés.

Mamá me llamó y le pregunté qué creía que iba a ocurrir. Louis me esperaba a unos pasos de distancia porque teníamos que ir a una sesión sobre el ciclo de la ira.

–Creo que nos van a ofrecer un acuerdo –respondió mamá, cuya voz parecía muy lejana.

Mamá y yo queríamos que el juez nos concediera el derecho a un juicio, pero si la escuela nos ofrecía un acuerdo, no habría juicio. Todo quedaría así. Nuestro abogado nos había dicho que, si aceptábamos el acuerdo, no podríamos hablar sobre lo que había pasado. Nos darían una suma de dinero y no volveríamos a mencionar el asunto.

Inmediatamente, recordé la falsa sonrisa de la señorita Ward, las últimas palabras de la señorita Fischer –*No puedo garantizarte protección*–, y todos los días de aislamiento y soledad mientras los otros chicos continuaban yendo a la escuela.

Me imaginé cómo me sentiría luego de aceptar su dinero y tener que cerrar la boca para siempre.

–Pero no lo aceptarás, ¿no es cierto?

–Cariño –respondió después de una larga pausa–. No sé si deberíamos continuar con esto.

–Mamá –quedé sorprendida por la aspereza con la que brotó mi voz–. No puedes aceptar el acuerdo.

Al advertir que dos de las enfermeras me estaban mirando, les di la espalda y bajé la vista. Llevaba pantuflas y los mismos pantalones de deporte que el día anterior, por lo que me invadió una idea repentina: *Parezco una enferma mental.*

De inmediato, me di cuenta de que realmente *era* una enferma mental.

Cuando levanté la mirada, vi que Brendan había venido a buscar a Louis y que ambos se retiraban de la habitación.

—No lo aceptaré si tú no quieres —mamá hablaba con una tranquilidad atípica, como si tuviera miedo de que me enfadara—. Pero tomaste pastillas, cariño, y estás en un centro para el tratamiento del estrés. Todo es demasiado. Tal vez sea el momento de que esto termine.

Presionaba el teléfono con tanta fuerza que podía sentir la fuerte tensión de mi brazo. En ese preciso instante, quería que mi madre estuviera conmigo para poder llorar sobre su hombro y también quería regresar a la cama, dormir y olvidarme de todo. Pero lo que más ansiaba era que mis compañeros, mi entrenadora, los consejeros y los administrativos pagaran por lo que habían hecho. Quería que todos los chicos que se habían burlado o reído de mí me miraran a los ojos en una sala del juzgado.

—Mamá —comencé. Intentaba controlar mis palabras, pero mi voz se tornaba estridente y me temblaban las piernas.

—Mamá, si aceptas el acuerdo… te juro por Dios que… —empecé de nuevo luego de respirar hondo.

Me callé para apoyarme contra la pared porque tenía las piernas muy debilitadas. Sabía que, detrás de mí, estaba uno de los miembros del personal que me observaba de cerca, con la tarjeta de identificación que le permitía moverse por donde quisiera.

—Si aceptas el acuerdo… —continué con desesperación. Me costaba recuperar el aliento porque sentía que algo se estaba gestando en mi interior. Al echar un vistazo a la alegre agenda semanal que estaba en el tablero de anuncios, las letras empezaron a desdibujarse. Mi voz brotaba con una furia fuera de lo común, como si proviniera de una criatura ajena a mí que estaba encerrada dentro de mi cuerpo.

—*Nunca más te volveré a hablar, ¿entiendes?*

—De acuerdo, cariño —respondió mi madre a la distancia. Probablemente, estaba sola en la cocina. Sabía lo difícil que sería para ella ir a la audiencia sin mí y estar rodeada de abogados. Sin duda me necesitaba a su lado tanto como yo a ella—. De acuerdo…

Pero no pude escuchar más y no la dejé terminar.

—¡Nunca más! —repetí antes de colgar el auricular con violencia. El papel con la agenda semanal se agitó por el golpe y, segundos después, mis ojos se llenaron de lágrimas.

Estaba encerrada entre esas cuatro paredes, mientras afuera se desarrollaba el acontecimiento más importante de mi vida. Todo era mi culpa. Había hecho todo mal. Le había gritado a mi madre, aunque ella no tuviera la culpa. Ella solo intentaba ayudarme y yo le había cortado el teléfono. Había tomado pastillas aun sabiendo que eso le rompería el corazón.

Ella estaba sola y yo no podía hacer nada al respecto.

Todavía no había recuperado el control. Era una niña alterada, vestida con pantalones de deporte y pantuflas, que ni siquiera podía controlar su propia voz.

Quería romper todos los carteles de la pared pero, en cambio, me envolví el cuerpo con los brazos y me clavé las uñas con fuerza. Permanecí en esa posición hasta que dejé de llorar. Luego respiré hondo y caminé arrastrando los pies hacia el pasillo, mientras me secaba la nariz con el dorso de la mano.

Mamá no aceptó el acuerdo. Los días pasaban lentamente entre almuerzos de pizza y cenas de lomo Strogonoff. *Amber, Mariah, Erin y, tal vez, el señor Gilchrest, el amable profesor de Herron que me había hablado de Aristóteles y la virtud*, serían las personas a las que acudiría la próxima vez que atravesara un mal momento. Escuché a Brendan hablar sobre la importancia del agradecimiento y los actos de bondad. Al leer libros acerca de los síntomas del estrés, *la fatiga, las náuseas, el retraimiento social y el insomnio*, reconocí que los había sufrido todos. Ideamos un plan para el alta y un plan de seguridad para el hogar, cuya primera indicación era que mamá ocultara todos los cuchillos y los medicamentos.

Finalmente, llegó el día en que me dijeron que estaba lista para regresar a casa.

La mañana en que partí, Louis apareció en la puerta con los brazos arañados.

—Creo que me queda un poco más de tiempo aquí —respondió, encogiéndose de hombros, cuando le pregunté por las marcas de la piel.

No debíamos intercambiar números de teléfono pero, de todas formas, anoté el suyo. Luego nos despedimos con un abrazo.

—¡Ve por ellos, muchacha! —me dijo—. No permitas que ganen los imbéciles, ¿de acuerdo?

—Sí, está bien. Y tú tampoco.

Mamá y yo permanecimos en silencio durante el viaje de regreso. Al encender la radio, el conductor de un noticiero estaba hablando sobre una chica que se había quitado la vida después de varios meses de ser hostigada por sus compañeros. De inmediato, la apagó.

Estiré la mano y la volví a encender.

—Paige —comenzó mamá con tono preocupado.

—¿Qué? —le pregunté—. ¿Crees que me van a dar ideas que no se me hubiesen ocurrido a mí antes?

Mamá se estremeció, pese a que solo estaba bromeando.

Subí el volumen y escuchamos los detalles: Hope Witsell, de trece años, buena familia y padres que la querían, le envió al chico que le gustaba una fotografía atrevida de sí misma, que se propagó por toda la escuela y por otros colegios cercanos. La insultaron y se burlaron de ella hasta que se ahorcó en su dormitorio mientras sus padres estaban en la casa.

Apagué la radio justo cuando las calles se tornaban cada vez más familiares.

—No lo volveré a hacer —afirmé con calma.

Mamá siguió conduciendo sin pronunciar palabra.

—¿Mamá? ¿Me escuchaste? —en aquel preciso instante, noté que le temblaba el mentón—. Lo prometo, mamá. No volveré a hacerlo, ¿de acuerdo? Necesito que me escuches. Nunca más te haría algo así.

Con la mirada fija en la carretera, sacó una mano del volante, la estiró y estrechó la mía con fuerza.

Lila

Algunas semanas después de regresar a casa del centro para el tratamiento del estrés, me crucé con Lila por primera vez desde que había abandonado Clarkstown. Erin y yo habíamos ido al centro comercial Broad Ripple —una acogedora colección de tiendas al costado de un sendero a algunos kilómetros al norte del centro de Indianápolis— y frenamos en un McDonald's para beber una gaseosa.

Fuera del establecimiento, en la fila de los automóviles para comprar comida, había un pequeño letrero con los arcos dorados y las palabras FE Y BENDICIONES. Mientras caminábamos hacia la puerta, me pregunté en voz alta si aquello significaba que el restaurante estaría bendecido o que el dueño nos desearía fe y bendiciones.

Me sentía bien. De hecho, hacía mucho tiempo que no me sentía así.

Ethan me había escrito después de mi regreso. Probablemente se habría enterado de mi estadía en el centro para el tratamiento del estrés, porque su mensaje decía simplemente: *ESTÁS BIEN?*

Sí, gracias, le había respondido.

Y minutos más tarde, le había enviado otro mensaje.

Yo: *¿Puedo preguntarte algo?*

Ethan: *Sí, claro.*

Yo: *¿Recuerdas esa vez que me dijiste que no querías que la gente supiera que nos veíamos?*

Silencio.

Yo (luego de un momento): *Después de lo de la cafetería.*

Ethan: *Más o menos.*

Yo: *¿De veras crees que estuviste bien?*

Otro silencio. Ni yo misma sabía si le estaba escribiendo para que se sintiera mal o porque realmente quería comprender. Quizá por ambas cosas. Más allá de eso, necesitaba sacarme la duda.

Yo: *Me lastimaste mucho.*

Yo: *Necesitaba un amigo.*

Silencio. Y luego, un minuto después:

Ethan: *Lo siento.*

Ethan: *Lo siento mucho.*

Ethan: *También se estaban burlando de mí.*

Yo: *¿Quiénes?*

Ethan: *Todos.*

Ethan: *Se burlaban de mí todo el tiempo y me decían que no me tenías que gustar.*

Me mordí el labio y miré por la ventana durante un instante. Jamás pensé que los chicos se burlarían de él por juntarse conmigo.

Yo: *No lo sabía.*

Ethan: *No sabía qué hacer.*

Ethan: *No estuvo bien, pero quería que dejaran de hacerlo.*

Una larga pausa.

Ethan: *Pero, de veras, lo siento.*

Yo: *¿Qué decías?*

Ethan: *¿Cuándo?*

Yo: *Cuando se burlaban de ti.*

Ethan: *Les decía que dejaran de burlarse, pero no me hacían caso.*

Ethan: *Supongo que me cansé de que lo hicieran.*

Me quedé mirando el techo durante un largo rato. Mamá y yo habíamos remodelado mi habitación antes de que empezara las clases en Herron. El rosa y el púrpura habían desaparecido. Todo lo que me rodeaba era de color rojo oscuro.

Yo: *Oye.*

Yo: *Gracias.*

Ethan: *¿Por qué?*

Yo: *Por decirme que lo sientes.*

Yo: *No se disculparon demasiado conmigo últimamente. Y lo valoro.*

Yo: *Me siento mejor.*

Ethan: *Gracias, Paige.*

No permitas que nadie te diga que es imposible entablar una conversación profunda por mensaje de texto. Yo estaba diciendo la verdad: realmente me sentía mejor y valoraba mucho sus palabras.

Cuando ya estábamos dentro del McDonald's, Erin y yo nos sentamos a disfrutar de los refrescos. La gente iba y venía, y entraba y salía, sin que le prestáramos mucha atención.

De pronto, sin saber por qué, sentí una energía extraña que provenía de la caja. Cuando alcé la vista, me topé con los ojos de Lila, la hermana de Yasmine.

Si alguna vez me había preguntado si el tiempo habría suavizado las cosas entre nosotras o si se sentirían mal por cómo se habían desencadenado los sucesos, la respuesta estaba justo delante de mí. Ella me fulminaba con la mirada, con el mentón hacia adelante como si la hubiera desafiado. Estaba con otra amiga que no reconocí, pero que también me miraba con furia.

Mientras hacía un gran esfuerzo por tragar la bebida, se me retorció el estómago y se me hizo un nudo en la garganta.

—Tranquila —me dijo Erin en voz baja—. No te harán nada aquí.

Me latía el corazón a toda velocidad y, al levantar y bajar el vaso, mis manos temblaban.

Advierte los síntomas del estrés, me decían las voces del centro para el tratamiento del estrés. *Aceleración del ritmo cardíaco, dificultad para respirar, problemas de concentración.*

—Nos quedaremos aquí hasta que se vayan —dijo Erin con una sonrisa esperanzadora, que yo intenté devolverle.

Observé de reojo a Lila y a su amiga. Tomaron una bolsa de papel con su pedido y se dirigieron al dispensador de bebidas para llenar sus vasos, mientras conversaban en voz muy baja.

De inmediato, me percaté del intenso olor a comida frita y me invadió otra sensación de náuseas. *¿Por qué no lo había notado antes?*

Quería abandonar el lugar, pero no me atrevía a moverme.

Erin continuó hablándome sobre las porristas de Clarkstown. Acababa de ingresar al grupo –porque estaba en octavo grado– y me contaba que habían cambiado algunas de las rutinas de ejercicios. Sonreía, fingiendo estar pasando un muy buen momento. Yo asentía y me obligaba a sonreír, pero apenas la escuchaba, ya que estaba demasiado pendiente de la energía amenazante que transmitían Lila y su amiga. Aquel odio tan intenso tenía forma y textura propias y me daba la impresión de que, si estiraba la mano, me podría quemar.

En un abrir y cerrar de ojos, Lila salió del lugar. Segundos más tarde, la vimos detrás del volante del automóvil blanco de su padre. Ya manejaba porque estaba en penúltimo año de la secundaria.

Avanzó lentamente, hasta desaparecer de nuestra vista, y volvió a aparecer. Estaba rodeando el restaurante como un depredador.

–Todo estará bien –me tranquilizó Erin–. Se irá a su casa en unos minutos.

Pasó por la ventana varias veces más y luego se esfumó. Esperamos dos, cinco, diez minutos.

–Ya se fue –dijo Erin. Respiré con alivio y asentí.

Juntamos los vasos vacíos, arrugamos los envases de papas fritas y salimos a la calle. Era una tarde hermosa con el cielo rosado.

De pronto, mientras caminábamos por la parte de atrás del local, vimos el vehículo del padre de Lila que se dirigía directamente hacia nosotras.

Pasaron muchas cosas en tan solo segundos.

Primero, me di cuenta de que ella me había estado esperando en silencio, al igual que un cazador aguarda a su presa.

Segundo, al calcular el tiempo que nos llevaría volver al restaurante y compararlo con la distancia que nos separaba del automóvil de Lila, advertí que no teníamos escapatoria.

Tercero, *esto podría terminar muy mal*, pensé, aunque no supiera con exactitud qué es lo que podría terminar mal.

El letrero que tenía enfrente decía FE Y BENDICIONES.

Lila bajó la velocidad, se detuvo y se asomó por la ventanilla.

No había ningún sitio cercano en el que pudiera refugiarme.

El mundo se movía en cámara lenta. Lila tenía el rostro desfigurado por el odio. *Parece un animal*, pensé. Antes de registrar lo que tenía en la mano, noté que levantaba un brazo y lo ocultaba detrás de la cabeza. Segundos después, algo voló hacia mí y sentí el fuerte impacto. Luego me invadió el frío, la humedad y un agudo dolor en las costillas. Escuché el ruido sordo de los hielos que caían contra el suelo y unas risas incesantes. Lila dio marcha atrás con el vehículo, haciendo chirriar los neumáticos, y partió a toda velocidad.

Me había arrojado su vaso de gaseosa.

—¿Te encuentras bien? —distinguí la voz de Erin y me di cuenta de que la había oído antes, pero estaba demasiado conmocionada como para registrarlo. Lila me había esperado con el propósito de humillarme. Me había arrojado su bebida. Mi querida amiga Erin había gritado para advertirme, pese a que ella también debía de haber sentido tanto temor y conmoción como yo.

Era solo un vaso de gaseosa arrojado desde un automóvil. Podría haber sido peor. No cesaba de temblar.

—Vamos —dijo Erin—. Te ayudo a limpiarte.

Volvimos al restaurante, fuimos al baño y Erin me secó con toallas de papel. Una vez allí, comencé a llorar con amargura. Después de tantos años, todavía no podía ir sola al McDonald's de mi ciudad.

Lila siempre me odiaría.

—Es una imbécil, Paige —afirmó Erin mientras estrujaba un papel contra mi camisa—. Imbécil y cobarde.

Asentí. ¿Por qué siempre era *yo* la que me sentía avergonzada? Honestamente, no lo comprendía.

Lila me detestaba por el simple hecho de existir. Había colaborado para que me echaran del distrito escolar, pero no había podido sacarme de la ciudad ni del mundo y, tal vez, eso era lo que la enfurecía.

Mientras Erin me secaba, me eché un vistazo en el espejo. Estaba mojada, pero intacta.

En ese preciso instante, me di cuenta de que Lila me odiaba por algo que no podía ver, ya que mi VIH era completamente invisible. Cualquiera que me viera por la calle, pensaría que era una chica común y corriente, y jamás notaría que había algo distinto en algunas de mis células.

Y si las personas me detestaban por algo que ni siquiera podían ver, ¿qué les quedaba a los chicos que sí tenían diferencias visibles? ¿Qué pasaría con los que tenían sobrepeso o acné? ¿Y con los que rengueaban o, Dios no lo quiera, tenían alguna deformidad facial? ¿Con los que tartamudeaban, los que usaban prendas que no les quedaban bien, los que eran demasiado altos o demasiado bajos, los que usaban gafas o lo que tenían otro color de piel?

¿Y con un muchacho como Louis?

Cuando uno se detiene a pensarlo, encuentra demasiados motivos por los cuales una persona elegiría odiar a otra.

Si usaban la excusa de un virus completamente imperceptible para marginarme, ¿qué ocurriría con las otras diferencias que existían entre los seres humanos, como el color del cabello, el tono de piel, la forma de la nariz, la contextura física, las dificultades corporales o el estilo personal? ¿Pero acaso no *éramos* todos diferentes? ¿No nos repetían continuamente que debíamos sentirnos a gusto con quiénes éramos?

Había estado expuesta a un virus antes de ver el mundo por primera vez.

Ese era un hecho que no podía cambiar. Por lo tanto, Lila me detestaba por algo que yo no podía controlar y que jamás podría revertir.

Nadie podría modificarlo; ni los mejores científicos y médicos del planeta, ni mi madre con su intenso amor y constante preocupación por mí.

El VIH formaría parte de mi vida para siempre y no podría hacer nada al respecto.

Me volví a observar en el espejo y, de pronto, toda la situación empezó a resultarme algo cómica. Estaba secándome la ropa en el baño del McDonald's y Lila me odiaba con toda su alma.

No valía la pena que gastara mis energías en tratar de revertir el panorama, ya que no lograría nada.

Erin tomó las toallas de papel que habíamos usado y las tiró a la basura. Me miró con dureza y luego esbozó una leve sonrisa, idéntica a la que me había regalado el día que dejé Clarkstown.

—¿Estás bien, Paige?

Asentí mientras me apartaba un mechón de cabello del rostro. Me di cuenta de que ya no me temblaban los brazos ni las manos. Tampoco había palidecido.

Identifica los síntomas del estrés: las voces del centro para el tratamiento del estrés habían regresado.

En aquel preciso instante, logré aclarar varias ideas que tenía mezcladas en la cabeza. En primer lugar, había *permitido* que los chicos de Clarkstown me hicieran dudar de mí misma por algo que, de todos modos, no habría podido evitar. A la vez, me di cuenta de que Erin era una de las amigas más leales y confiables del planeta.

También me volví a reencontrar *conmigo misma*, la chica a la que le gustaban los Cheetos y los Kit Kat. La chica que amaba cantar y bailar, y que permanecería allí luego de que aquel episodio se transformara en un simple recuerdo del pasado.

Me habrían humillado, pero sería capaz de salir del baño y regresar a mi casa con la frente en alto.

—Sí —dije mientras miraba a Erin y me encogía de hombros—. De veras creo que estoy bien.

—¿Estás preparada? —me preguntó.

—Sí —afirmé con cierta claridad en el tono de voz—. Estoy preparada. Vamos.

Erin y yo caminamos juntas bajo la cálida tarde de septiembre.

+ CUARTA PARTE +

La transformación

Kindle

—¡Tú debes de ser Paige! —exclamó una mujer que no conocía. Tendría aproximadamente treinta años, era voluptuosa y hermosa, y llevaba el cabello recogido hacia atrás en una cola de caballo. A pesar de que era la primera vez que nos veíamos, me recibió con un abrazo.

Yo sabía perfectamente quien era: Eva Payne. Sus ojos brillaban tanto que no pude evitar sonreír.

—Me alegro mucho de que estés aquí.

—Hola, Eva —dije—. Yo también estoy contenta de estar aquí.

Y realmente lo estaba. Acababa de llegar al Campamento Kindle en Fremont, Nebraska, y estaba entusiasmada porque sería mi primera experiencia en un campamento de verano lejos de casa.

Apenas entré, me di cuenta de que era exactamente cómo lo había imaginado: había cabañas de madera, amplios parques, caminos de tierra, piscina y lagunas con patos. Pero se trataba de un campamento un poco distinto de los demás porque era para jóvenes infectados y afectados por VIH.

Había viajado hasta allí en un vuelo de Angel Flight, un avión privado con pilotos voluntarios que trasladan a los chicos a campamentos o a centros de tratamiento. Mamá me había acompañado hasta la pista y, una vez que despegamos, la había saludado por la ventanilla con el pulgar hacia arriba y había observado cómo se alejaba hasta desaparecer por completo.

Ascendimos en dirección al sol hasta que las nubes quedaron por debajo de nosotros, como si fueran cúmulos de nieve. Aunque ya había volado en avión, nunca antes había disfrutado de aquella vista de los abiertos campos del medio oeste, de mi país, y de todo mi mundo.

Así que el mundo también puede lucir de esta forma, pensé.

Desde aquella altura, el mundo y todos mis problemas parecían muy pequeños.

—Me alegra muchísimo que hayas decidido unirte a nosotros —me dijo Eva con una sonrisa, al mismo tiempo que retrocedía y me tomaba del hombro.

Conocía toda la historia de Eva. Cuando tenía veinte años y cursaba la carrera de teatro en la Universidad de Nebraska, había visto una obra sobre un chico que tenía VIH. Al poco tiempo, se le metió una idea en la cabeza: *Debería existir un campamento para chicos que estuvieran afectados por VIH/sida*. Hizo una investigación exhaustiva sobre todos los campamentos del medio oeste, pero no encontró ninguno dedicado al VIH/sida. En aquel momento supo que debía ocuparse del asunto. Luego de una incansable recaudación de fondos, ella y su banda de voluntarios llevaron a un grupo de cincuenta chicos a un campamento en Nebraska.

Así es como había nacido el Campamento Kindle.

Me encantaba la historia de la fundación, sobre todo, porque Eva había decidido empezar un proyecto importante sin aguardar a ser mayor o a que alguien le diera permiso para marcar la diferencia. Simplemente se había lanzado y eso reflejaba mucha valentía y seguridad.

Ni ella ni ninguno de los miembros de su familia eran VIH positivo, por lo que tenía todos los motivos del mundo para ignorar el virus. Sin embargo, no lo había hecho, sino que, por el contrario, lo había adoptado como su misión personal. En ese sentido, se parecía a la doctora Cox, ya que ambas luchaban por chicos a los que sería más sencillo ignorar. Ya me caía bien solo por eso.

Me quedé observando a Eva mientras ella daba instrucciones a los supervisores, organizaba las mesas de inscripciones y observaba detenidamente el campamento. Segundos después, escuchamos el ruido de un autobús que se acercaba.

—¡Aquí vienen los campistas de Chicago! —gritó Eva.

—Espera un momento —se volvió hacia mí con una sonrisa—. Te encantará esto.

Un rato más tarde, luego de que descendieran los del autobús de Chicago y muchos más que venían en automóviles, empezaron los saludos. Muchos se conocían de veranos anteriores y se abrazaban. Otros se presentaban con preguntas como *¿De dónde eres?, ¿Es la primera vez que vienes?* y *¿En qué cabaña estás?*

Hablé con casi todos, pero olvidaba los nombres apenas me los decían. Sabía que los jóvenes que estaban allí tenían VIH/sida, o bien conocían a una persona muy cercana que estaba infectada, pero realmente no notaba la diferencia.

Me latía el corazón con velocidad.

—Oye —dijo una voz a mis espaldas—. Es tu primera vez, ¿no es cierto?

—Así es —asentí luego de volverme y toparme con un muchacho de cabello oscuro un poco menor que yo, que sonreía con picardía—. Soy Paige.

—Encantado de conocerte, Paige. Soy Wallace —dijo, estrechándome la mano.

La forma en que me saludó —como si fuera un adulto en miniatura— y la sonrisa que esbozaba —al mismo tiempo, traviesa e inocente— hicieron que me dieran ganas de soltar una carcajada.

—Estoy un poco nerviosa —le confesé.

—No tienes por qué estarlo —sujetó por el brazo a una chica rubia que pasaba junto a él.

—¡Oye, tú! —exclamó.

La chica lo miró y se abalanzó sobre él. Se abrazaron durante un largo rato, luego dieron unos pasos hacia atrás y ella me sonrió. Tenía un letrero colgado del cuello que decía Nikki.

Nikki es amiga de Wallace, pensé con la esperanza de memorizar su nombre.

—Nikki, ella es Paige —nos presentó Wallace—. Está un poco nerviosa.

—Oh, no tienes por qué estarlo —dijo ella riendo—. En cinco minutos, todos estos chicos serán tus mejores amigos.

—¿Ya has estado aquí?

—Sí, muchas veces. Es el mejor campamento del mundo.

En medio de toda esa multitud, me llamó la atención un joven rubio, un poco mayor que yo, que estaba rodeado de chicos y supervisores. Aunque estuviera a varios metros de distancia, advertí que tenía deslumbrantes ojos azules, mejillas rosadas y un pequeño espacio entre sus dos dientes delanteros que, de alguna forma, ampliaba su sonrisa. Entorné los ojos para leer su nombre: Brryan.

Brryan con doble r.

Los chicos no soltaban a Brryan. Lo abrazan con fuerza uno detrás del otro pero, en un momento dado, él alzó la vista y le guiñó el ojo a Nikki. Ella le sacó la lengua y él rio.

—¡Hola, Cole! —exclamó al toparse con otro muchacho—. Oye, Cole está aquí —dijo, volviéndose hacia mí.

Me tomó del brazo y me arrastró hacia donde estaba aquel chico, que tenía más o menos mi edad, el cabello enmarañado y una sonrisa irónica.

—Oigan, espérenme —gritó Wallace.

–Hola, Cole –lo saludó Nikki–. Ella es Paige. Va a venir con nosotros a la laguna de los patos.

–¿De veras? –pregunté.

–Por supuesto que sí –respondió Cole, como si fuera algo evidente.

Y así como así, Nikki, Wallace, Cole y yo caminamos hacia el estanque.

Más tarde, nos dirigimos a las cabañas que nos habían asignado. Los supervisores las habían decorado especialmente para nosotros. Para la de mi grupo, habían elegido la temática de las *Derby Divas* y, por eso, habían puesto patines por todos lados. Una vez instalados, regresamos al lugar común para disfrutar de la primera reunión del campamento.

Allí, los adultos nos enseñaron canciones típicas de campamento y, pese a que fueran tontas e infantiles, todos –hasta los chicos más grandes– cantábamos a los gritos y reíamos.

Ellos se sumergen como patos sin zapatos.
Se meten en el río hasta que tienen mucho frío.

Intenté no pensar en mi madre –que estaba sola en casa–, pero no pude evitar imaginarla dando vueltas por la cocina sin mí. Empecé a cantar con un poco más de fuerza mientras, por encima de mi cabeza, la brisa hacía mover las ramas de los árboles. Me encontraba a novecientos cincuenta kilómetros de casa. Cuando alcé la vista, advertí que Nikki me estaba mirando. Apenas le eché un vistazo, me sonrió sin dejar de cantar.

Y eso es lo que hace sonreír a un hipopótamo.
Y eso es lo que hace sonreír a un hipopótamo.

Tenía la sensación de que lo iba a pasar muy bien allí.

Al atardecer, Eva y Michael, otro de los directores, nos sugirieron que contáramos nuestras historias, es decir, los motivos por los que estábamos en ese sitio.

—¿Alguno quiere ofrecerse a hablar primero? —preguntó Michael.

Miré a mi alrededor y no vi ninguna mano levantada.

—Sé que no es fácil —añadió Michael—. Se necesita mucho coraje.

La habitación permanecía en silencio.

Podría hacerlo, pensé. *Podría empezar.*

Alcé la mano con timidez.

—Paige, gracias. Adelante —Michael sonrió.

—Bueno, de acuerdo —comencé.

Conté la historia que ya brotaba de mis labios de forma casi natural. Hablé de mi padre, de Yasmine, de la piyamada durante la que había confesado mi secreto, del apodo PAIDS, de los ataques de epilepsia, de las notas que me dejaban en los casilleros y de la decisión de abandonar la escuela.

También hice hincapié en la profundad soledad que había experimentado.

Mientras hablaba, todos permanecieron en silencio y, una vez que terminé, hubo una breve pausa seguida de aplausos.

Eva me guiñó el ojo, como si quisiera decirme: *Estupendo, muchacha*. Esbocé una amplia sonrisa y volví a tomar asiento. Muchas personas me tocaron el hombro en señal de que había hecho un buen trabajo. De inmediato, recordé las palabras de Nikki: *En cinco minutos, todos estos chicos serán tus mejores amigos.*

Sí, pensé, *completamente de acuerdo.*

—¿Alguien más quiere compartir su historia? —preguntó Michael.

Nadie pronunció palabra durante varios minutos hasta que Brryan se puso de pie.

—Yo —expresó de modo gracioso, lo cual me sorprendió—. Perdí un poco la audición por unos medicamentos que tuve que tomar —dijo mirando al grupo—. Trataré de hablar con la mayor claridad posible. Ténganme paciencia.

La historia de Brryan comenzó cuando tenía tan solo siete meses. Luego de sufrir un ataque de asma, lo habían internado en el hospital donde su padre trabajaba como técnico de laboratorio. En aquel entonces, sus padres estaban a punto de separarse y discutían por la manutención pero, aun así, se habían vuelto a reunir por la enfermedad de su hijo. Pasaban las noches junto a su cama, rezando por él y por sus pulmones dañados.

Pero lo que la madre no sabía —y era imposible que lo supiera— era que el padre había robado del laboratorio una jeringa con sangre infectada de VIH y se la había inyectado a su hijo, mientras ella iba en busca de una gaseosa.

—No quería pagar la manutención —explicó Brryan. Su voz no reflejaba ni malicia, ni enojo, ni tristeza—. Por eso intentó matarme.

El papá de Brryan jamás confesó lo que había hecho sino que, en cambio, soltaba indirectas, como *¿Por qué tengo que pagar la manutención si el chico no va a vivir por mucho tiempo?*

Transcurrieron cinco años con aquellas disputas. La mayor parte del tiempo, Brryan era un niño saludable de mejillas rosadas hasta que, de un día para el otro, se enfermó gravemente. Al igual que mi madre, perdió mucho peso y padeció fiebres misteriosas. A diferencia de ella, le diagnosticaron sida porque sus células CD4 ya habían colapsado.

Los doctores le dijeron que le quedaban tan solo unos pocos meses de vida.

—Eso fue hace más de diez años —dijo Brryan. Respiró hondo y continuó—. Mi padre está en la cárcel por lo que hizo y le darán libertad condicional dentro de algunos años. Su nombre es Brian Jackson y yo también me llamaba así. Por eso, en octavo grado, me cambié el nombre legalmente. No quería seguir llevando el suyo –explicó–. De todos modos, esa es mi historia. Después de todos estos años, sigo aquí y pienso quedarme por mucho tiempo más.

Guau –dije para mis adentros mientras él regresaba a su asiento–. *Simplemente… guau.*

Más tarde, nos reunimos alrededor de una fogata para asar malvaviscos. Teníamos que cambiar constantemente de sitio para evitar las ráfagas de humo que cambiaban de dirección por la brisa de la tarde. Eso nos permitía conocer gente nueva y, aunque hablara con varios de los chicos, no podía dejar de mirar a Brryan, que no cesaba de sonreír. Se movía con comodidad, chocaba los cinco con los muchachos más grandes y hablaba con Eva. En un determinado momento, se inclinó para conversar con dos niñas de siete años, que antes habían utilizado sondas de alimentación porque era la forma más segura y fácil para los pacientes con sida. No pude escuchar lo que les decía, pero noté que les guiñó el ojo. Ellas rieron y continuaron caminando, contentas por el encuentro con el muchacho.

Me impresionaba la seguridad con la que Brryan enfrentaba el mundo.

Ambos padres nos habían transmitido el virus pero, al menos, el mío no lo había hecho adrede. Y yo también había presenciado las peores facetas de la humanidad, a partir del acoso escolar y las burlas, pero, en mi caso, provenían de la ignorancia.

En cambio, el padre de Brryan no había actuado por ignorancia sino con maldad.

No entendía cómo él podía sentirse tan a gusto y tranquilo, sabiendo que su propio padre había intentado asesinarlo. Aún recordaba lo mal que me había sentido cuando la señorita Ward me había citado en su oficina por la nota a Yasmine que yo no había escrito. El solo hecho de que alguien me odiara tanto me había resultado insoportable.

Pero allí estaba Brryan, riendo y disfrutando de la vida.

Había una palabra o frase que resumía lo que ese chico me inspiraba cada vez que lo veía. La tenía en la punta de la lengua, pero no lograba articularla.

El fuego crujía y lanzaba llamas hacia el cielo. Brryan se había dado cuenta de que lo estaba mirando y, por eso, alzó la vista y me sonrió. Le devolví la sonrisa y, de inmediato, bajé la mirada.

—Hola, cariño —se me acercó Wallace—. ¿Vienes seguido por aquí?

Arqueó una ceja y solté una carcajada.

Recién a la noche, mientras regresaba a la cabaña con olor a fuego en las prendas, descubrí cuál era la palabra que describía perfectamente a Brryan.

Perdón, pensé, *ese es el término exacto.*

Todas las mañanas, profundizábamos en temas relacionados con el VIH y el sida. Conversábamos sobre cómo mantenernos saludables; cómo hablar de la infección con los demás; qué cosas eran un mito (*se contagiaba por besar a alguien o por compartir el asiento del retrete*) y cuáles, realidad (*cuando llegara el momento de tener relaciones sexuales, tendríamos que cuidarnos*). Cada día que pasaba, más chicos se animaban a contar sus historias. Gracias a eso, me enteré de que la madre de Cole era VIH positivo, que el hermano de Nikki tenía sida, que los padres de Wallace lo habían adoptado de bebé sin saber que era VIH positivo, y que había muchísimos chicos como yo, que habían nacido con el virus y deseaban que los trataran como personas comunes y corrientes.

También descubrí que muchos de los jóvenes infectados mantenían en secreto su enfermedad, incluso de sus amigos más íntimos.

Las tardes en el campamento, por el contrario, eran pura diversión. Liberábamos las tensiones de los temas serios de la mañana.

Al día siguiente de llegar, por ejemplo, los supervisores organizaron el Carnaval del Campamento Kindle. Antes de que empezara, Eva nos había llevado a una habitación repleta de pelucas, capas y otros disfraces. Tanto los jóvenes como los adultos nos probábamos una prenda detrás de la otra: camisas hawaianas, narices de payaso, pelucas, gafas de sol de colores, capas, sombreros de vaquero, tutús y mallas con lentejuelas. Wallace se visitó con un uniforme de porrista y sacudió los pompones. Las chicas se ataban corbatas de varón en la cabeza como si fueran guerreros. Uno de los supervisores, que ya llevaba unos pantalones cortos de motociclista con lentejuelas y gafas de sol de mujer, se puso una peluca del payaso Bozo.

Todos reíamos mientras buscábamos los disfraces más ridículos que pudiéramos encontrar.

Afuera, un experto en maquillaje para fiestas infantiles dibujaba mariposas en los rostros de los niños, y los supervisores hacían competencias de lucha con los chicos, siempre dejando que ganaran los más pequeños. Había juegos por doquier, tales como batallas con globos de agua, carreras de sacos, competencias transportando huevos sobre cucharas, entre otros. Yo hice rodar una manzana con la nariz y luego participé de una competencia de hula-hula con un muchacho que tenía la mitad del rostro pintado como el Increíble Hulk.

—¡Viva, Paige! —me alentaba Eva. Estaba muy alegre con una camisa y bufanda a lunares, y un tutú rosa sobre los jeans. Yo reía mientras hacía un gran esfuerzo por mantener el aro girando alrededor de las caderas.

Minutos más tarde, había triunfado y celebraba con un batido con sabor a uva. Cole se me acercó; tenía puesto un gorro con forma de animal hecho con globos y estaba comiendo una paleta. Cuando le sonreí, se me escurrió por el mentón un poco de jugo de uva y me lo limpié con la mano.

—Estás muy atractiva, Paige.

Solté una carcajada al mismo tiempo que bebía otro sorbo del batido.

Cerca de donde estábamos, un grupo de chicos jugaba una competencia de pasteles, que consistía en aplastar el rostro contra la crema que los cubría e intentar comer lo más posible. Al lado de ellos, dos supervisores, vestidos con mallas de lentejuelas, bailaban en sincronía. Wallace pasó caminando con un puerco de peluche amarrado a su gorra de forma inexplicable. Un poco más lejos, Brryan avanzaba con dificultad porque llevaba un niño sobre la espalda y otros dos colgados de sus piernas.

—No sé por qué mis zapatos están tan pesados hoy —decía mientras los chicos reían a carcajadas—. Pesan mucho.

Aquí vale todo, pensé. *Podemos ser lo que queramos y todo estará bien.*

"¡El nivel de alegría es tan alto que podríamos derretir glaciares!", escuché que gritaba uno de los supervisores.

—¡Oh, Dios mío, amo el Campamento Kindle! —le grité a Cole con los brazos abiertos de par en par.

—Sí —asintió él al mismo tiempo que observaba la escena que nos rodeaba—. Sé exactamente a lo que te refieres.

Esa misma noche, luego de correr con Nikki alrededor de las cabañas mientras bailábamos y cantábamos, me recosté sobre la cama marinera. La mayoría de las chicas ya se había dormido. Permanecí en silencio escuchando sus respiraciones y el sonido de los grillos que atravesaba las paredes de la cabaña.

Ah, así es como debe sentirse una chica común y corriente, que no necesita dar explicaciones y que no tiene nada que la haga ser diferente a los demás, pensé.

Me daba cuenta de que, al menos allí, en el Campamento Kindle, *yo sí era* una chica común y corriente.

—Paige —Eva se me acercó hacia el final de la semana—. La revista *People* quiere hacer una sesión de fotos con algunos de los chicos del campamento y me preguntaba si te gustaría formar parte.

Mi madre y yo ya les habíamos dado permiso para que usaran mis fotografías en el material promocional del campamento.

Sí, habíamos dicho. *Sí, pueden mostrarle al mundo entero que Paige Rawl va a un campamento para chicos afectados por el VIH o el sida.*

Había visto muchísimas veces la revista *People* en los consultorios de los doctores y cerca de las cajas de los supermercados. Me imaginé a la gente hojeando la revista —como yo había hecho tantas veces— hasta toparse con mi rostro.

—¿Quiénes más van a participar?

—Brryan, Wallace y Anthony.

Anthony era un muchacho delgado, que llevaba grandes gafas y era un poco menor que yo. Él también había nacido con la enfermedad.

—Sí —respondí sin vacilar—. Sí, quiero hacerlo.

Durante las siguientes horas, nos tomaron varias fotografías. Brryan estaba vestido de negro, mientras que los tres restantes llevábamos camisetas brillantes. Los cuatro nos pusimos pañuelos que decían Campamento Kindle alrededor de la cabeza. La fotógrafa nos ubicó delante de la fogata y, al igual que el primer día, el humo cambiaba de dirección y nos hacía toser.

Por último, nos condujeron adentro, y nos colocaron delante de un fondo blanco y encima de un lazo pintado de rojo. Debíamos apoyarnos contra Brryan con los brazos cruzados.

Luego Brryan me alzó en brazos y me apoyó sobre sus hombros. Comencé a reír. Me sentía tan liviana como el aire. De inmediato, los otros dos chicos se nos acercaron.

"Estupendo —exclamó la fotógrafa tomando más fotos—. ¡Fabuloso!".

Aquella tarde, mientras el sol se ponía y nos dirigíamos hacia la fogata, Brryan se me acercó y me despeinó el cabello.

—Hiciste un muy buen trabajo hoy —dijo—. Se necesita mucha valentía para permitir que tres millones y medio de personas sepan que tienes VIH.

—¿Así que tres millones y medio?

—Solo tres millones y medio de tus amigos más cercanos —se encogió de hombros y luego esbozó una amplia sonrisa irónica.

—Brryan… —quería preguntarle algo, pero no sabía cómo.

Él aguardó unos segundos.

—¿Cómo… —comencé con el ceño fruncido. Me resultaba imposible explicar lo que quería decir—. Simplemente…

–¿Qué pasa, Paige? –frenó de golpe y me miró. Me encantaba el modo en que me miraba con los ojos celestes fijos en mí.

Sacudí la cabeza porque ni siquiera sabía cómo empezar. *¿Cómo lo haces?*, quería preguntarle, pero ni yo sabía qué significaba ese "lo".

De alguna forma, él comprendió exactamente lo que intentaba decir. Bajó la vista y, cuando la volvió a alzar, tenía el rostro muy serio.

–No quiero convertirme en él, Paige. No puedo guardar tanto odio en mi corazón.

Y eso es lo que hace sonreír a un hipopótamo, escuché que los jóvenes cantaban a la distancia. Por encima de nosotros, el cielo se tornaba de un color rosado y naranja.

En dos días, regresaríamos a nuestros hogares.

–Pero… ¿cómo? –pregunté.

Observó el cielo durante un largo rato, después me volvió a mirar y se encogió de hombros.

–Tú decides –dijo simplemente–. Eso es todo. Tú decides vivir una buena vida. Es lo único que tienes que hacer.

Asentí como si hubiera comprendido, pese a que todavía no lo entendía por completo.

–Paige, tienes que hacer brillar tu propia luz. Una vez que lo logras, empiezas a percibir todas las bendiciones que te rodean y descubres que *tú también* has sido bendecida. Debes dejar atrás a toda la gente que te hizo daño.

Bajé la vista e imaginé a Yasmine, a Lila, a los chicos que me burlaban, a la señorita Fischer y a la señorita Ward esfumándose detrás de las sombras.

La demanda judicial continuaba y aún no nos habían confirmado si podríamos llevar a cabo el juicio. Sentía que esa situación se extendería para siempre.

Pero yo realmente quería que desaparecieran de mi vida de una vez por todas.

–Paige –dijo con la voz suave–. Tienes mucha luz, sabes.

Nos sonreímos y permanecimos de esa forma durante unos minutos.

Al sentir que unos pasos se aproximaban, me volví. Nikki, Wallace y Cole corrían en nuestra dirección.

–¡Chicos! –exclamó Nikki–. Los supervisores se están tirando a la piscina con ropa. ¡Vamos a ver!

Me tomó de la mano y comenzó a arrastrarme, mientras yo reía y saludaba a Brryan, que me guiñó el ojo. Luego los cuatro nos unimos al resto del grupo.

En el cielo, el sol había desaparecido, cediéndole el lugar a un millón de estrellas, la luz de un millón de otros soles.

La última noche del campamento, los supervisores organizaron una Caminata de la Confianza, que consistía en que camináramos en fila con los ojos vendados y las manos sobre los hombros del de adelante. Nos desplazábamos en silencio, sin que nadie pronunciara palabra. De vez en cuando, nos deteníamos y un supervisor conducía a uno de nosotros hacia un sitio en el que se pudiera sentar. Los demás aguardábamos a que regresaran y volvíamos a emprender la caminata hasta la siguiente parada. Como tenía anulada la visión, los otros sentidos se me agudizaron. Escuchaba los cantos de las aves y el sonido del viento que movía las hojas de los árboles. Sentía la calidez de la brisa sobre la piel.

—Paige, cada día tiene el potencial de ser tu mejor día —dijo mi supervisora cuando fue mi turno—. Tú decides lo que te enseñará cada día.

Tú decides.

—Encender algo significa generar una llama—continuó ella—. Deja que la llama te recuerde la importancia de creer en otras posibilidades de vida. Tienes la fuerza para encender el fuego del cambio. No dudes antes de entrar en acción. Si te topas con una carencia, cúbrela.

Tú decides tener una buena vida. Es lo único que debes hacer.

—Todos deseamos que haya una cura para esta enfermedad y que la gente tenga compasión de los que viven con el virus. Pero el VIH no nos define como personas.

Paige… tienes mucha luz.

El viento que soplaba me despeinó el cabello. Al día siguiente a esa misma hora, estaría con mamá en nuestra casa de ladrillos que quedaba a dos cuadras de Clarkstown, y, en pocos días, volvería a Herron.

Había pasado casi un año desde el episodio de los somníferos y, si las pastillas hubieran logrado lo que deseaba en aquel entonces, jamás habría estado allí ni habría conocido a Brryan, Eva, Nikki, Wallace, Cole, las mellizas, los supervisores ni al resto de esta gente tan maravillosa.

—Ahora puedes abrir los ojos —expresó mi supervisora.

Cuando me retiré la venda, las luces me enceguecieron.

—Te queremos, Paige —añadió ella.

—Yo también —dije—. Los quiero a todos.

Realmente era así.

Esa misma noche, cada cabaña representó una coreografía. La de Wallace y Cole hizo *playback* con una canción de Justin Bieber. En un determinado momento, los chicos se escabulleron entre la multitud y cada uno eligió a una chica para cantarle. Wallace me arrastró a mí y Cole, a Nikki, y todos subimos al escenario entre risas. Enfrente de nosotros, la tribuna de amigos nos aplaudía y alentaba. Era increíble cuán rápido nos habíamos vuelto tan cercanos. Wallace hizo un movimiento de caderas tan ridículo y adorable que Nikki y yo nos miramos y soltamos una carcajada.

Luego, los supervisores hicieron *playback* de la canción "Don't Stop Believin'". A mitad de camino, todos alzaron a Eva en brazos, de la misma forma que Brryan me había alzado durante la sesión de fotos. Todos comenzaron a ovacionarlos con fuerza, pero creo que yo fui la que más grité.

El recuerdo que guardo del resto de la noche es una nebulosa: bailamos bajo las brillantes ramas de los árboles, miramos un video de diapositivas con imágenes de la semana y nos abrazamos con fuerza al mismo tiempo que brotaban lágrimas de nuestros ojos. Finalmente, regresamos por última vez a las cabañas.

Eva Payne, la fundadora del Campamento Kindle, y yo haciendo payasadas en el CK en Nebraska. En ese lugar es donde realmente me reencontré conmigo misma.

Nikki y Wallace partirían en el autobús, que estaba programado para salir a la madrugada. Yo, por el contrario, me iría más tarde, en un horario más razonable para un piloto de Angel Flight.

Pero como quería despedirme de mis amigos, Cole, Wallace, Nikki y yo decidimos reunirnos en la cafetería alrededor de las tres de la madrugada, cuando la mañana aún parece parte de la noche. Al adentrarnos en la oscuridad, caminamos con paso firme y prometimos mantenernos en contacto.

Era consciente de que ese era el comienzo del fin de algo mágico. El autobús llevaría a todos los chicos a sus lugares de origen, es decir, a la rutina que tenían antes de viajar hasta allí. Muchos de ellos fingirían haber estado en un campamento para chicos comunes y corrientes e incluso algunos le cambiarían el nombre para que nadie pudiera buscarlo en Internet. Volverían a ocultar su verdadera identidad y contra qué estaban luchando. Tomarían los medicamentos en silencio para que nadie los viera o se preguntara el motivo. Seguirían yendo a consultas con los médicos, diciendo que sufrían alergias o algo parecido.

Pero también sabía que recordarían esa semana para siempre. Guardarían la experiencia como un tesoro al cual acudirían cada vez que se sintieran solos o necesitaran recordar que alguien en el mundo los comprendía a la perfección.

Yo sabía todo esto porque iba a actuar de la misma forma.

Cuando el autobús arrancó, los supervisores no se quedaron en sus sitios saludando con las manos, sino que caminaron junto a él, sin dejar de saludar a los jóvenes, hasta que lo perdieron de vista. Yo también seguí sus pasos.

Luego, Cole y yo nos dirigimos a la laguna de los patos, el primer lugar al que habíamos ido apenas habíamos llegado. Observamos el sol que salía sobre el agua y las nubes rosadas que parecían algodones de azúcar. Me encantaba que todavía se pudiera apreciar una parte de la luna al mismo tiempo que estaba el sol. Cole comenzó a perseguir a los patos, que salieron volando y graznando. A los pocos minutos regresaron y Cole los volvió a correr. Ambos permanecimos allí, conscientes de que no podíamos detener las agujas del reloj.

Si hubiera podido, me habría quedado allí para siempre.

Algunas semanas después de regresar a casa, mamá entró en mi habitación a los gritos: "¡Llegó, Paige!", exclamó sacudiendo un ejemplar de la revista *People*. "¡Ya está aquí!".

Al dar vuelta las páginas, pasamos por una receta saludable de ensalada Cobb, un artículo sobre el cuerpo en bikini de una estrella de un *reality show*, una historia sobre el nuevo corte de cabello de Justin Bieber, una publicidad de champú y, finalmente, nuestra nota. Allí estábamos Brryan, Wallace, Anthony y yo, en la fotografía en la que Brryan me sostenía sobre sus hombros y los otros chicos estaban inclinados sobre nosotros. En la imagen, estoy en posición horizontal tocando a Anthony, que toca a Brryan, quien me sujeta por la muñeca y el tobillo, y se apoya sobre Wallace. Tuve que mirarla muy de cerca para reconocer de quién era cada una de las manos.

La fotografía se titulaba "Héroes entre nosotros", y tenía un subtítulo que decía "Alguien que ha superado el sida inspira a chicos con VIH".

Antes de abandonar el Campamento Kindle, Brryan me había dado una carta, pero apenas la tomé me la quitó para leérmela.

Si cuando regrese a casa alguien me pregunta quién es mi héroe, mencionaré el nombre de una persona que me ha inspirado profundamente a lo largo de esta semana: Paige Rawl. Puede que sea de baja estatura, pero nunca hay que subestimar a alguien sin conocer su corazón… Jamás la olvidaré. Siempre tendrá un lugar especial en mi corazón.

Brryan Jackson.

LA ESPERANZA ES VITAL

Una vez que terminó de leerla, me la alcanzó. Lo envolví entre mis brazos y nos quedamos así durante un largo tiempo.

Y allí estábamos juntos de nuevo en la revista *People*. Al mirar el rostro de Brryan en la fotografía, tuve la sensación de que me estaba sonriendo directamente a mí.

Lo más extraordinario de la imagen era que lucíamos como cualquier otra persona. Brryan parecía fuerte y saludable, y nosotros, completamente comunes y corrientes. Esa era la cuestión: éramos fuertes, saludables e iguales a los demás, y la evidencia estaba en la revista que sostenía.

La verdad sea dicha, lucíamos como los chicos divertidos con los que me agradaba pasar el tiempo.

Seguir adelante

En octubre, encendí la televisión y vi la fotografía de un chico afroamericano un poco menor que yo. Tenía ojos hermosos y conmovedores, y una sonrisa algo traviesa.

De hecho, se parecía un poco a Louis.

De inmediato, supe que le había ocurrido algo terrible.

Me había comunicado varias veces con Louis a través de llamadas y mensajes, porque quería saber cómo se encontraba. A veces, me escribía respuestas vagas como *Ya me conoces, aquí soy la reina del baile*. Sus palabras siempre me sacaban una sonrisa, pero seguía preocupada porque recordaba las marcas que tenía en el brazo.

El joven de la televisión se llamaba Jamarcus Bell. Era de Fishers, Indiana, que quedaba a aproximadamente treinta kilómetros de mi casa. Yo estaba en lo cierto; en efecto, le había ocurrido algo terrible. El reportero estaba diciendo que se había suicidado luego de varios años de acoso escolar. Sus compañeros se burlaban de él desde los primeros años de la secundaria. Lo insultaban y le arrojaban metal durante la clase de soldadura.

En el reportaje, se referían a él como "el chico que siempre sonreía".

El mes anterior, había muerto otro chico en Indiana, llamado Billy Lucas, a quien hostigaban por ser homosexual. Solían moverle las sillas cuando se estaba por sentar. Algunos muchachos le habían sugerido que se ahorcara y, eventualmente, lo había hecho. Billy se había colgado de las vigas del granero de la familia.

Otro chico menos por culpa del acoso escolar, al igual que Billy Lucas, Hope Witsell –la chica que había aparecido en las noticias cuando regresaba del centro para el tratamiento del estrés– y muchísimos otros que se habían ido antes.

Algunos días más tarde, mamá recibió una llamada de nuestro abogado.

Por la tensión con la que sujetaba el teléfono, me di cuenta de que algo andaba mal. Cada vez que respondía, lo hacía con frases incompletas.

–¿Pero cómo puede…?

–Pero cuatro de cinco… –exclamó después de una larga pausa.

–¿Tres instancias? ¡Pero había demasiado…!

–Pero qué…

–De acuerdo, ¿qué podemos…?

–¿Y qué…?

–¿Cuánto tiempo?

Creo que ni siquiera se despidió, sino que simplemente cortó la comunicación y bajó la cabeza. Esperé unos minutos, pero no dijo nada.

—¿Mamá?

Ni me miró. Estaba completamente inmóvil.

—Mamá, ¿qué pasó?

El refrigerador comenzó a hacer ruido. Advertí que uno de nuestros vecinos estaba escuchando la radio porque pude percibir las risas de un DJ. Cuando ella volvió a sacudir la cabeza, noté que se le hundían los hombros. Me senté en una silla.

—¿Era el abogado?

No se movió.

—¿Habrá juicio?

Alzó la vista con los ojos llenos de lágrimas.

—¿Mamá? —pronuncié lentamente—. ¿Habrá juicio?

—No —respondió en voz muy baja mientras sacudía la cabeza.

Mientras me ponía al tanto de las novedades, no pronuncié palabra.

No habría juicio.

Jamás subirían al estrado.

Nunca presentaría mi caso en la corte.

—Lo siento mucho, cariño —mamá cerró los ojos y empezó a sacudir la cabeza de un lado para otro.

—¿Qué pasó? —me mordí el labio con fuerza hasta sentir el sabor de la sangre.

Ella se encogió de hombros en señal de desesperanza.

–Dime, mamá.

–El juez dijo que nos reconocieron cuatros cargos, pero necesitábamos ganar los cinco.

Yo ya lo sabía. Desde el principio, las leyes habían respaldado los dos primeros puntos: el VIH es una discapacidad protegida por dos leyes y los chicos con VIH tienen el derecho de asistir a la escuela sin ser hostigados. Pero nuestro caso requería que también ganáramos los tres restantes, es decir, que el acoso escolar había existido, que el colegio estaba al tanto y que no había tomado las medidas razonables para protegerme. No podía imaginar cuál era el que nos habían denegado.

–¿Cuál fue el que no ganamos?

–Yo… –exclamó, haciendo un gesto de desdén con las manos.

–*¿Cuál, mamá?*

–Admitieron que hubo acoso escolar…

–¿Y?

–Y que la escuela estaba al tanto de algunos de los episodios.

La miré fijo. Aquello significaba que el juez consideraba que la escuela había tomado las medidas necesarias para mi protección.

Mi mente comenzó a elaborar pensamientos desenfrenados ¿Medidas razonables? Me habían dicho que estaba siendo dramática, habían ignorado las llamadas y mensajes de mi madre, habían defendido a Yasmine porque era una estudiante muy aplicada y me habían sugerido que renegara de mí misma.

Recordé cuando Kyle, Michael y Devin me gritaban PAIDS y se reían de mí durante la actuación con el grupo de porristas. ¿Cuáles fueron las medidas razonables que tomaron en aquel entonces? ¿Y con los comentarios que me habían escrito debajo de las fotografías de Internet? ¿Y con el mensaje de Lila y las otras notas?

No al sida en Clarkstown.

Perra. Prostituta.

¿Y qué hay de mi nombre escrito en el baño?

Hasta donde yo sabía, no habían castigado a ninguno de los estudiantes.

—El juez consideró solo tres instancias del acoso escolar —dijo mi madre lentamente—. Y afirmó que la escuela respondió de forma apropiada a las tres.

—¿Tres? —susurré. Tenía la boca tan seca que apenas había podido pronunciar esa única palabra.

—El primer incidente de la nota que le enviaron a Yasmine firmada con tu nombre, el de los chicos burlándose de Ethan en la cafetería y el comentario de la señorita Ryan.

La firma falsificada, la cafetería y la señorita Ryan… Está bien, de acuerdo. ¡Pero había muchísimos más!

—¿El apodo que me pusieron?

—Ese no lo tuvieron en cuenta —dijo mamá, negando con la cabeza

—¿Los mensajes de texto? ¿Los comentarios de Internet?

Bajó la vista e hizo un leve gesto negativo con la cabeza.

—¿Y qué me dices de las notas que tú dejaste y de las llamadas? Jamás te respondieron. ¿Acaso eso es "razonable"?

—No te olvides, cariño, de que la escuela no recuerda los mensajes que dejé —agregó con calma luego de respirar hondo—. Tampoco tienen registros de las llamadas. Como no quedó nada documentado, el juez no puede hacer nada al respecto.

Cuando mi madre me miró directamente a los ojos, comprendí que, con aquel gesto, me estaba enseñando algo nuevo sobre el mundo. Hasta aquel momento, habíamos sido demasiado jóvenes e ingenuas como para entenderlo del todo. Pero ahora ya era consciente de lo que había hecho mal.

Con la ingenuidad propia de los niños, había acudido a los adultos para que me ayudaran con mi problema, totalmente convencida de que se comportarían como tales y me ampararían.

Pero me daba cuenta de que me había equivocado. No me había encontrado con adultos, sino con acusados de una demanda judicial. Su prioridad era *protegerse a sí mismos.*

Y estoy segura de que los abogados les habían dicho que esa era la única forma lógica de actuar.

Por lo tanto, para haber ganado el caso, hubiese tenido que documentar todo, sacar fotocopias de cosas, asegurarme de que todo estuviera registrado y haber llevado testigos.

En otras palabras, no me tendría que haber comportado como la niña que era.

También había aprendido que, una vez que había cruzado esa especie de umbral, no podría volver atrás, como si hubiera atravesado un puente y, al darme vuelta, hubiera advertido que se había incendiado la parte que estaba a mis espaldas. Jamás regresaría al sitio en el que creía que los adultos hacían las cosas bien y siempre protegían a los niños.

No tenía dudas de que mi madre me protegería por siempre. Pero, aparte de ella, tenía que tener cuidado. El mundo era diferente al que había imaginado cuando era pequeña. Era muchísimo más complicado.

Me tomé la cabeza con las manos y empecé a sollozar.

—Podemos apelar, cariño —de inmediato, sentí la mano de mi madre sobre la espalda—. Este no es el fin, todavía podemos apelar —hablaba más rápido de lo normal, al igual que cuando estaba ansiosa o enfadada—. Podríamos acudir a un juez fuera de Indianápolis y tener más suerte. Ahora ya sabemos contra qué nos enfrentamos. Necesitamos llevar testigos de los otros episodios. Podemos probar…

—¿Cuánto tiempo llevaría? —pregunté, mirándola a los ojos.

—Bueno —hizo una larga pausa y, cuando volvió a hablar, se expresó con calma—. No lo sé, un par de años.

En un par de años, estaría en la universidad. Había abandonado Clarkstown en los primeros años de la secundaria y el juicio podría extenderse hasta mis años en la universidad.

—No, mamá —sacudí la cabeza.

No quería llevarme a Clarkstown conmigo. Ya le había obsequiado casi todos los años de la secundaria, y no merecía quitarme más tiempo. Quería que desapareciera para siempre.

Debes dejar atrás a toda la gente que te hizo daño.

—Cariño, no tienes que… —mamá me observó con cautela.

—No.

—Paige, tienes que comprender que esta es la única forma de…

—No es la única forma.

Se detuvo, completamente confundida.

—Mamá, si la justicia dice que la escuela manejó bien la situación, entonces hay que modificar las leyes.

—¿De qué estás…?

—En este momento, las leyes son tan limitadas que no protegen a nadie. No me protegieron ni a mí, ni a Hope Witsell, ni a Billy Lucas, ni a Jamarcus Bell.

—Ayudemos a modificar las leyes —afirmé.

No tenía idea cómo podría hacerlo, pero estaba decidida a colaborar porque había demasiados chicos que sufrían acoso escolar.

Mamá, caminó hasta la ventana y se quedó mirando hacia afuera un largo rato.

—Estoy furiosa —dijo finalmente—. Estoy tan furiosa que no puedo pensar con claridad. No quiero que se salgan con la suya.

—¿Mamá? —comencé—. Si las leyes cambian, ellos también tendrán que cambiar. No podrán continuar justificándose con las normas y procedimientos.

Ella asintió pero de forma esquiva y distraída.

—Mamá, ¿te das cuenta de que me pude defender sola?

Otro gesto leve con la cabeza.

—Mamá, el asunto no me atañe solo a mí. Ojalá fuera distinto, pero está ocurriendo en todas partes y es muy grave —agregué con los ojos llenos de lágrimas, cuando noté que ella no iba a pronunciar palabra.

—Entonces, ¿no quieres apelar? —se puso de pie y regresó a la mesa.

Era consciente de que el juicio y mi larga relación con Clarkstown llegarían a su fin y terminarían sin que nada hubiese cambiado.

—No —dije finalmente—. Mejor no. Hagamos otra cosa.

—¿Qué cosa?

—Aún no lo sé —probablemente, eran las palabras más sinceras que había pronunciado—. Pero puedo empezar contando mi historia.

Ella respiró hondo y cerró los ojos. Se sentó junto a mí y permanecimos en silencio durante un largo rato.

—¿Paige? —dijo ella finalmente.

Levanté las cejas.

—Estoy orgullosa de ti. Estoy muy, muy, muy orgullosa de ti.

La miré a los ojos y le sonreí, pese a tener el rostro cubierto de lágrimas y el corazón lastimado, desilusionado, furioso y esperanzado.

—Gracias —le respondí.

Yo también estaba un poco orgullosa de mí.

*Con mi banda de Princesa del baile de fin de curso
en el penúltimo año de la secundaria.*

Miss Teen Essence

Durante el verano previo a empezar mi tercer año en Herron, volví a subir al escenario con un estupendo vestido blanco e inflado, cubierto de rosas rojas. Me encantaba que las luces brillaran tanto y que el público estuviera tan alborotado.

Hacía casi dos años que había estado en el centro para el tratamiento del estrés, y hacía uno que había visitado el Campamento Kindle por primera vez. Desde entonces, me había presentado a hablar en varios lugares, había viajado un poco y había conocido a jóvenes y activistas de todo el mundo.

Algunos meses antes, había ayudado en la secundaria Herron a organizar la primera Semana de la Conciencia por el VIH y el sida. Habíamos cubierto los pasillos de carteles, y cada estudiante, profesor y casillero tenía al menos un adhesivo del lazo rojo. Los chicos se los pegaban sobre las prendas, las mejillas o la frente. Recuerdo haber pasado junto a un muchacho que se los había puesto en las orejas, como si fueran aretes. Los lazos rojos estaban por todos lados.

En diciembre, había hablado en Delaware, en un foro de jóvenes en honor al Día Internacional del sida. Tenía puesta una camiseta negra que decía solo VIH Positivo y le había contado mis experiencias al público, que eran todos adolescentes como yo.

Después del evento, había visto a dos reinas de concursos de belleza —una de mi edad, y la otra, un poco mayor—, con coronas y bandas, y, de inmediato, me había acercado a ellas.

—¡Amo los certámenes de belleza! —les había dicho—. Participé en muchos de ellos.

La mayor tenía el cabello largo y oscuro, y la piel morena. Llevaba un vestido rojo y una cinta que decía Mrs. Essence. Abrió los brazos de par en par y yo la abracé.

—Eres muy valiente, muchacha —expresó—. Me encantó lo que dijiste.

—Tamika Hall —añadió, estrechándome la mano una vez que nos separamos—. Orgullosa de ser la Mrs. Essence de 2010.

—Soy Melanie Haynes, Miss Delaware Essence —dijo la más joven—. Estuviste genial.

—Cuéntenme de su certamen —les pedí.

—Oh, querida, es el mejor de todos —exclamó Tamika—. Como su nombre lo indica, las mujeres Essence son mujeres que muestran su esencia. Mujeres reales.

—Es verdad —añadió Melanie—. Las chicas tienen diferentes estilos de vida.

—¿A qué te refieres con estilos de vida? —pregunté.

—Hay mujeres de todos los sectores sociales y colores.

–Por ejemplo, la ganadora del año pasado bajó cincuenta kilos en dos años y habló de lo difícil que había sido esa situación –explicó Tamika.

–Y hay chicas que sobrevivieron a relaciones complicadas –agregó Melanie.

–Estamos hablando de relaciones *enfermizas* –acotó Tamika, señalándose a sí misma–. Con violencia de por medio.

–Somos la esencia de las mujeres modernas –exclamó Melanie en tono dramático.

–Promovemos la inclusión –agregó Tamika–. Dándoles voz a toda clase de mujeres.

–Y somos muy divertidas –concluyó, luego de inclinarse hacia mí y mirarme con los ojos más expresivos que había visto en mi vida.

Y, así como así, decidí que quería participar.

Tuve que viajar a la ciudad de Kansas para competir en el certamen. Tamika y Melanie tenían toda la razón; era el concurso más divertido del que había participado. Disfrutamos de una banda de música soul, fuimos a patinar –incluso intentamos hacer las posturas más difíciles–, cantamos y reímos sin cesar. Al reunir gente tan diversa, todo resultó muchísimo más divertido.

Cuando quedamos cinco participantes en la división de Miss Teen Essence, nos hicieron retirar una pregunta de un recipiente.

Las luces brillaban y el público murmuraba.

—Si pudieras escribir un libro, ¿cómo lo titularías y por qué? —leyó el juez, acercándose al micrófono.

Esbocé una sonrisa al evocar la mañana en que las noticias del acoso escolar y el juicio habían salido en los periódicos. Guardaba en mi memoria la broma que habíamos hecho con mamá: *Estoy en la primera Paige.*

—De hecho, estoy pensando en escribir un libro —respondí directamente al público—. Podría titularlo *Noticias de la primera Paige.* Es un juego de palabras, porque me llamo Paige y, en una oportunidad, aparecí en las noticias de la primera página por sufrir acoso escolar durante los primeros años de la secundaria…

Hice una pausa. Sería muy fácil terminar el discurso allí sin agregar nada más.

No olvides que a mí no me gustaba incomodar ni estorbar a la gente, sino que era de las chicas buenas que siempre querían caer bien.

Pero no había mejor concurso de belleza que aquel para hablar de mi VIH.

Además, tal vez la bondad no consistía en querer agradar a todos y permanecer callado, sino en ser un poco más frontal, como Amber.

Amber siempre estaba lista para defender a la gente y para luchar por la verdad. Quizá la *auténtica bondad* requería salir a defender lo que *era cierto* y luchar por lo que *podría llegar a ser.*

—… porque tengo VIH —dije luego de respirar hondo.

No había duda alguna de que el público me había comprendido. Apenas escuché que la gente suspiraba, sentí la necesidad de tragarme esas cuatro últimas palabras. *Tal vez hablé de más*, pensé. *Tal vez el mundo de los certámenes aún no esté preparado para tanto.* Me acordé de lo que había dicho mi madre la primera vez que habíamos recibido el folleto para los concursos de belleza. *Hay cosas que no comprendes, ¿de acuerdo?* Se había puesto muy nerviosa pero también tenía toda la razón. Era demasiado pequeña y había muchísimas cosas que aún no sabía.

En aquel preciso instante, me di cuenta de que la gente estaba aplaudiendo.

Así como así, había pasado de los suspiros a los aplausos. Me aparté de las luces y regresé con las otras chicas.

Quizá debería titularlo Positiva, pensé mientras bajaba del escenario.

Sería estupendo decir que había ganado luego de atreverme a confesar que tenía VIH y que la decisión del jurado había sido unánime —*la ganadora es la chica que esta noche se sinceró, la primera reina de belleza con VIH. Aquí está su corona. ¿Se dan cuenta de que es igual a todas las demás?*—. Pero la verdad era que no había triunfado, aunque tampoco había perdido.

Era VIH positivo y tenía el puesto de primera finalista en aquel concurso nacional.

Arriba del escenario, me acordé de mi primer certamen de belleza, en el que llevaba puesto un vestido y mamá me alentaba junto a la mamá de Heather.

Desde aquel entonces, había vivido un infierno. Había pasado por terapia intensiva, un centro para el tratamiento del estrés y baños de McDonald's.

Y ahora, finalmente, había contado mi verdad.

Nada mal, pensé.

Faltaba poco tiempo para el concurso de belleza Miss Indiana de la Secundaria de los Estados Unidos. Estaba pensando en inscribirme, aunque solo fuera para ver qué pasaba.

"Tú decides vivir una buena vida"

Durante el siguiente verano, vi en Internet una fotografía de Yasmine, que estaba en una fiesta de la secundaria North City —institución a la que asistían los alumnos que salían de Clarkstown. Como la imagen formaba parte de un álbum en línea, me dediqué a observar cada una de las fotos. A medida que las iba pasando, me di cuenta de que la mayoría de los chicos que estaban allí eran los que, en el pasado, se habían portado mal conmigo.

Para ese entonces, ya había aparecido en televisión numerosas veces y había hablado en casi todos los estados del país. Había dirigido varias vigilias en contra del acoso escolar; había participado en la Conferencia Estadounidense sobre el sida; había cenado con celebridades y antiguos drogadictos; me habían concedido el honor de haber sido uno de los cinco héroes con VIH de un concurso nacional, y había viajado a Nueva York, donde me había trasladado en limusina y me habían tomado fotos en la alfombra roja de uno de los teatros del centro.

En un mes, cumpliría dieciocho años.

Había tardado demasiado tiempo –honestamente, más del que esperaba– en empezar a dejar atrás las experiencias que había vivido en Clarkstown.

En aquellas fotografías, los chicos que me habían hecho tanto daño se mostraban casi como adultos. Mariah me había dicho que aún seguían hablando y burlándose de mí. De hecho, algunas semanas atrás, había ido a tomar un helado y me había cruzado con uno de ellos, que me había mirado con mala expresión mientras susurraba la palabra "sida".

Para ellos siempre sería –y solo sería– la chica con VIH.

Continué observando las imágenes. En una de ellas, estaban todos desparramados sobre el sofá de un sótano, sosteniendo bebidas en dirección a la cámara. Por encima de ellos, una bandera de la Universidad de Indiana colgaba del techo. Todos llevaban jeans y sudaderas con capucha, como si vistieran uniformes escolares.

Me imaginé cómo se veía mi vida a través de fotografías desde que había partido de Clarkstown. Había conocido a *drag queens*, antiguos drogadictos, activistas y otras personas maravillosas que habían optado por el amor y no por los prejuicios. Pensé en Brryan –y recordé cómo me había sentido cuando me había alzado por los aires durante la sesión de fotos de la revista *People*–, en Eva, en Wallace, en Louis y en la señora Lane.

También pensé en mi madre. En el último tiempo, me había percatado de algo que sabía desde hacía muchísimo tiempo, pero a lo que no le había dado el lugar que merecía. Como yo, mamá también tenía VIH. Durante todos estos años, mientras me enfocaba en mi propio viaje, ella había recorrido el suyo. Mejor dicho, ella no solo había estado atenta a uno, sino a dos, es decir, al mío y al suyo. Me había ayudado tanto que, por momentos, me había olvidado de que ella también tenía dificultades.

Volví a mirar las fotos. Esos chicos habían estado presentes en mi memoria durante largo tiempo, como demonios que me perseguían, me tomaban por la espalda y me empujaban hacia atrás cada vez que intentaba seguir adelante. Pero, en aquel momento, sentada frente a la computadora, tuve la sensación de que finalmente había dejado de correr. Al fijar la vista en ellos, me di cuenta de que no eran demonios aterradores, ni monstruos malvados.

Eran simplemente un grupo de chicos.

Los había conocido durante los primeros años de la secundaria y, ahora, estaban cursando los últimos años y pasaban el tiempo escondiendo cervezas en los sótanos de las casas de sus padres, allí por los suburbios de Indiana.

A decir verdad, parecía gente bastante aburrida.

En aquel preciso instante, sentí la extraña necesidad de agradecerles por todas las experiencias que había vivido. Si no hubiera sido por los apodos, las risas, los ataques de epilepsia, la depresión, el centro para el tratamiento del estrés y la profunda angustia, habría estado en las imágenes junto a ellos, y aquel mundo del sofá, los paneles de las paredes y el suelo alfombrado del sótano habría sido el único que habría conocido.

Mi mundo actual era infinitamente más amplio y colorido que aquel.

El VIH me había dado la posibilidad de salir de allí, algo que tal vez no podría haber hecho por mí misma. Me había permitido librarme de la pequeñez en la que había nacido y echar un vistazo a la grandeza que se abría frente a mí. Me había enseñado cosas más importantes y profundas de las que habría aprendido si no lo hubiera tenido. Las cosas que había visto estaban repletas de sufrimiento, humanidad, compasión y amor.

Pero, por sobre todo, el VIH me había dado un propósito que, de lo contrario, jamás habría encontrado.

Sin embargo, no necesitaba tener VIH para conocer a todas aquellas estupendas personas con historias y fortalezas fuera de la común, ya que ellas están abiertas a todos. No necesitas tener VIH, ni nada en particular, para descubrirlas. Lo único que precisas es tener el corazón abierto y una mente curiosa.

Pero ¿acaso podría haberlas hallado por mí misma? ¿O simplemente habría crecido como una chica común y corriente, rodeada de chicos iguales a mí, y habría rechazado a todas las personas diferentes?

¿Acaso no habría creído que mi pequeño mundo era *el único* mundo?

Cerré las imágenes, apagué la computadora y salí del cuarto.
Ya sabía cuál era la respuesta y, por eso, me sentía muy agradecida.

*En junio de 2003, durante mi graduación de la secundaria. La tormenta
ya había pasado. Me sentía feliz y segura de mí misma. Sabía que podría
lograr grandes cosas. Lo único que tenía que hacer era… ¡intentarlo!*

Un mes antes de que me coronaran Miss Indiana de la Secundaria de los Estados Unidos —evento en el que me presenté abiertamente como VIH positivo—, una alumna ejemplar de un colegio
religioso, que era un poco menor que yo, fue a una fiesta en

Steubenville, Ohio. Allí, bebió demasiado alcohol y un grupo de chicos —que supuestamente eran sus amigos—, la violaron, le hicieron pis encima y la maltrataron. Luego comenzaron a circular por Internet fotografías del evento, con algunos comentarios como "Algunas personas merecen que les hagan pis encima". El caso fue noticia nacional y, eventualmente, detuvieron a dos jugadores de fútbol por el ataque.

Había casos similares por todos lados.

En Canadá, una banda de chicos violó a una chica durante una fiesta y sus compañeros difundieron imágenes de lo ocurrido. Después de eso, amigos y extraños comenzaron a llamarla "prostituta", a acosarla y a burlarse de ella. LAS PUTAS NO SON BIENVENIDAS AQUÍ, decía una nota que le dejaron. También recibió varias propuestas para tener sexo. Sus antiguas amistades le dieron la espalda y la insultaban por la calle.

La chica había sido una alumna muy aplicada, con un sentido del humor bastante ingenuo. Finalmente, luego de sufrir acoso escolar durante varios meses, se quitó la vida. Tiempo más tarde, en una página de Internet que había creado su familia para recordarla, algunas personas comentaron que merecía morir.

En una fiesta en California, una pandilla violó a otra chica y, luego de que la hostigaran incansablemente por Internet, se suicidó.

En Minnesota, una chica de trece años que nunca había besado a un chico, se quitó la vida porque los compañeros le decían "perra" y "prostituta".

Un chico de doce años, que vivía en Nueva York, se suicidó después de varios años de sufrir acoso escolar por su altura y porque su padre había muerto cuando él tenía cuatro años.

Otro muchacho de California, que tenía trece años, se pegó un tiro luego de que se burlaran de él por ser homosexual.

Y las historias siguen y siguen. Son infinitas. El suicido es la tercera causa de muerte entre los jóvenes y un estudio sugiere que en la mitad de los casos se vincula al acoso escolar. En la Red, encontrarás millones de casos de chicos que fueron felices durante un tiempo de sus vidas y ahora están muertos porque las personas que los rodeaban eligieron el camino de la crueldad.

Lo que más me llama la atención es que las personas se pongan en contra de chicos que no les hicieron nada malo. Chicos que simplemente fueron víctimas de violaciones y acosos por el simple hecho de ser atractivos, autistas, homosexuales; por tener algún problema de salud; o por tratar de ser ellos mismos.

A veces me acuerdo de los mensajes que recibí tiempo atrás. *Pareces una madre soltera con sida. Perra. Prostituta.* Ya no los siento como algo personal, pero aún recuerdo la sensación que me invadía cuando los recibí.

Me pregunto por qué los seres humanos solemos atacar y humillar a otras personas por lo que son o, peor aún, por algo malo que les ha ocurrido. ¿Será porque estamos seguros de que el mundo es justo y que la gente siempre tiene la culpa de las cosas trágicas que le pasan? ¿Acaso no creemos que exista la mala suerte?

¿O será que le tenemos tanto miedo a la mala suerte que nos defendemos de ella castigando con crudeza a los que la padecen? O quizás el motivo esté en la profunda inseguridad que nos caracteriza y que solo nos permite formar parte de un grupo si excluimos a otra gente.

O, tal vez, todo se reduzca al miedo que le tenemos los humanos a lo que no comprendemos. Además, cuando estamos asustados, nos convertimos en la peor versión de nosotros mismos.

Honestamente, no lo sé y no aspiro a saberlo.

Solo sé que esto tiene que terminar de una vez por todas.

El 3 de abril del 2013, declaré a favor del proyecto de ley 1423 –una ley en contra del abuso escolar– frente al Senado de Indiana, junto a las madres de varios chicos de Indiana que ya no estaban con nosotros por culpa del acoso escolar.

El proyecto entiende por acoso escolar cualquier situación que cree un ambiente hostil para un estudiante, ocurra adentro o afuera de la institución y le parezca trivial o no a los directivos. Requiere que cada escuela pública desarrolle programas de prevención para el acoso escolar, que se informen todos los casos, y que los profesores y administrativos se capaciten de la mejor manera para detectarlo.

El 10 de abril del 2013, el proyecto se convirtió en ley.

Es un buen comienzo. Me alegra mucho que le estemos exigiendo a las escuelas que no se conformen con crear políticas para el acoso escolar, sino que realmente se involucren en los asuntos, los registren, intervengan y defiendan a cada uno de los alumnos, ya que esa es la actitud que esperan los niños de los adultos. Pero ese es solo el comienzo. Hay algo más que debe cambiar y los chicos pueden colaborar para que ocurra.

Como todo el tiempo hablo con grupos de estudiantes y escucho sus historias, te puedo asegurar que cada uno de ellos se siente aislado por sus diferencias. Comprendo perfectamente ese sentimiento, ya que, cuando estaba en los primeros años de la secundaria, mi conflicto era lo único que podía ver.

Pero ahora que escucho las historias y que hablo contigo, una idea me da vueltas por la mente: ¿y si pudiéramos unirnos gracias a nuestras diferencias?

Piénsalo.

¿Qué pasaría si, en vez de aislarnos por nuestras diferencias —yo tengo *esta* rareza, tú tienes *aquella*, cada uno dentro de su propio mundo—, decidiéramos unir nuestras fuerzas? Me refiero a todos los que alguna vez nos sentimos diferentes por alguna u otra razón.

Imagínate una reunión de personas reales.

"¿Puedo entrar?", preguntarían los primeros valientes con cierta timidez.

Sí, puedes. Tú, que eres más alto que tus pares, y tú, más bajo. Entren. Tú, que perdiste un padre; tú, cuyo padre es distinto a todos los demás padres que conoces; tú, que de adolescente cometiste un error frente a tus compañeros, y tú, que permaneces despierto por las noches, temiendo cometer alguna equivocación. Todos ustedes, únanse a nosotros.

Ahora, imagínate que la gente se acerca con mayor rapidez, sin esconder aquello que la diferencia de los demás. Tú, el de las orejas graciosas; tú, que hablas demasiado fuerte; tú, que no escuchas; tú, que tienes dificultades con las matemáticas; tú, que no puedes mantenerte quieto en clase; tú, que no luces como los chicos comunes y corrientes; tú, que pesas más que tus pares, y tú, que pesas menos. Vengan todos para afirmar que el simple hecho de ser diferentes es lo que nos reúne.

Y si realmente nos unimos por el simple hecho de ser distintos, llegaremos a ser más fuertes que cualquiera que nos haga sentir débiles.

¿Y sabes qué? También nos divertiremos más, ya que formaremos parte de la fiesta más colorida de todas.

En el reciente certamen de Miss América, participó por primera vez una chica abiertamente autista. También una con el síndrome de Tourette, otra que desfiló en bikini con muletas, y otra más que contó que le harían una mastectomía –le removerían ambos pechos– para prevenir un cáncer de mama que había matado a su madre, a su abuela y a su tatarabuela.

¿Quién sabe? Tal vez una reina de belleza con VIH no sea algo tan extraordinario.

Cuando me eligieron finalista del concurso Miss Pretty Amazing de 2013, me llevaron a visitar las oficinas de la revista Seventeen en Nueva York.

El verano pasado, fui al Campamento Kindle como supervisora y conocí a Andrew, otro joven supervisor que formaba parte de mi equipo durante las Guerras de Colores de los supervisores. Es aspirante a cirujano de ortopedia y asistía a un curso preparatorio en Nebraska. Ama la música country. Al igual que Eva, no conocía a nadie que tuviera VIH o sida, pero se había interesado por los chicos que padecían el virus. Ambos éramos supervisores de los más pequeños; yo de las niñas y él de los niños. Me sorprendía la empatía que tenía con los chicos; abrazaba a los que estaban tristes y levantaba por los aires a los que tenían ganas de jugar. Todo lo hacía con una sonrisa.

Cuando le conté mi historia, no sintió lástima. Solo me escuchó con atención.

Durante una reunión del personal, él y otros supervisores querían ayudarme a que hiciera un truco de porrista. Les indiqué dónde poner los brazos, cómo doblar las rodillas y en qué momento debían lanzarme hacia arriba. Volé por los aires y, una vez que regresé a la tierra, ellos me atajaron.

En aquel preciso instante me di cuenta de que Andrew también era demasiado atractivo.

Cuando volví a Indianápolis, mamá advirtió cuán seguido hablábamos por teléfono.

—¿Te gusta? —me preguntó.

Esbocé una sonrisa pero no dije nada.

—¿Paige? ¿Tú le gustas?

—Mamá, él es fabuloso —solté sin poder contenerme.

—¿Tiene metas en la vida? —me preguntó.

—Sí, mamá, tiene la cabeza en su sitio.

—¿Y es un buen chico?

—El mejor.

—Oh, Dios mío, Paige —sacudió la cabeza—. ¡Tu expresión de felicidad!

—Tienes que ver cómo trata a los niños —dije. Pensar en eso me hacía sentir feliz—. No lo sé, mamá. Tal vez encontré a mi príncipe azul.

Poco tiempo después, Andrew me fue a visitar a la universidad.

—¿Lo voy a conocer mientras esté aquí? —me preguntó mamá al enterarse.

—Sí, mamá. Lo llevaré a cenar a casa.

Mi madre nos cocinó filetes y papas con doble cocción de horno, y luego insistió en que cantara un par de canciones de música country. Sacamos la máquina de karaoke y canté a los gritos las melodías de Carrie Underwood. Él se sorprendió muchísimo porque no sabía que yo cantaba. Mientras los dos disfrutaban de mi espectáculo, aprovechaba para mirar a mi graciosa madre, siempre dispuesta a todo, y a aquel estupendo joven —mi príncipe azul—, del que estaba perdidamente enamorada.

En 2011, cuando fui a la maratón de baile de la Universidad Ball State.
¡Había colaborado en la organización del evento y había encontrado
la universidad a la que asistiría después de mi graduación!

Mientras escribo estas páginas, estoy cursando mi primer año en la universidad Ball State. Empecé las clases este otoño y estoy ayudando a organizar la maratón anual de baile, que recauda dinero para el hospital Riley. Me entusiasma mucho el proyecto ya que me permite trabajar directamente con las familias de Riley, comunidad de la que también formo parte. Quiero estudiar biología molecular porque, en vez de ejercer la profesión de la doctora Cox, estoy interesada en descubrir las medicinas que ella prescribe. Se está hablando mucho sobre la nueva generación de las drogas para el VIH —y tal vez, en el futuro, sobre una posible vacuna—. Durante el período en el que escribí este libro, informaron que un bebé de Jackson, Misisipi, que había nacido VIH positivo aparentemente se habría "curado". Este acontecimiento desencadenó numerosos ensayos clínicos alrededor del mundo. Mientras tanto, se estima que la vacuna podría aparecer en menos de diez años. Me encantaría formar parte del equipo que logre que el VIH quede en el pasado. Me gustaría crear una vacuna para aquellos que no están infectados y, de este modo, eliminar las barreras que existen entre ellos y los que sí tienen VIH.

Pero todavía hay mucho trabajo por hacer. Algunas semanas después de enterarme de lo del bebé de Jackson, el Senado del estado de Kansas —un estado del medio oeste como Indiana— aprobó un proyecto de ley que permitiría el aislamiento de las personas con VIH o sida. Después de todos estos años, el temor a la enfermedad aún le gana a la información.

*Poniéndome al día con el doctor Martin Kleiman —uno de los primeros
y más importantes pediatras que se ocuparon de pacientes con sida—
en la maratón de baile de la Universidad de Indiana. Trató a Ryan White y a mí.*

Sé que, de alguna forma u otra, continuaré trabajando con chicos que tienen VIH y espero que, en algún momento, ellos puedan verme como yo veía a la doctora Cox. Quizá, le cuente a una de esas chicas mis experiencias de adolescente con el VIH. Al principio no comprenderá mis palabras porque le costará vincular mi mundo con el que ella está viviendo. Cuando termine de hablar, esbozará una sonrisa genuina que me partirá el corazón en dos.

—Ya no es más así —me dirá, encogiéndose de hombros. Y con aquel simple gesto, confirmaré que, en el nuevo mundo, es decir, en su mundo, la crueldad hacia la gente con VIH —o tal vez la crueldad en sí misma— será cosa del pasado.

En eso consiste la esperanza y yo realmente creo en ella.

*Mi mamá es mi mayor respaldo. Aquí estamos,
antes de un baile de disfraces, en 2008.*

*Cuando era niña, quería ser como la doctora Cox y,
ahora que crecí, sigue siendo una de mis heroínas.*

Epílogo

Las personas que se mantuvieron a mi lado cuando mi viaje se tornó más complicado, cuando me aislé por completo de mis pares y cuando opté por los peores caminos para escapar de mi soledad fueron las que realmente me salvaron.

Gracias a los pequeños momentos que compartieron conmigo –las canciones de la radio, las muecas frente al espejo, los peinados ridículos, las risas hasta altas horas de la noche, los paquetes de Cheetos y las charlas interminables sobre ropa, chicos y programas de televisión–, me hicieron sentir normal, es decir, como una chica común y corriente.

Si estás leyendo esto en medio de tus propias tribulaciones, te aconsejo que resistas. Las verdaderas amistades que te querrán tal como eres te están esperando y, una vez que las encuentres, reirás mucho más de lo que imaginabas. Finalmente, aquellas risas llenarán los rincones de tu corazón que antes habían estado ocupados por el dolor. Solo tienes que aguardar y tener paciencia.

Pero si, por el contrario, tienes la suerte de no estar inmerso en las tinieblas, quiero decirte que alguna persona cercana a ti necesita de tu bondad con urgencia. No esperes más, ofrécele tu compañía y hazle preguntas. Esfuérzate por conocerla en profundidad y comparte con ella un paquete de Cheetos.

Así de simple.

Por último, si eres un adulto y tienes chicos a cargo que te cuentan cosas, por favor escúchalos con atención. No digas que no puedes hacer nada ni que *son cosas de niños*. Tampoco te encojas de hombros ni les digas que su situación es un *drama*. Prométeme que jamás utilizarás esa palabra.

Es difícil ser un niño en presencia de un adulto, ya que se necesita mucha valentía y seguridad para pedir ayuda a los mayores.

Si no sabes qué hacer, pregúntale a alguien. Haz la tarea: escucha.

Nunca bajes los brazos.

Yo no planeé mi viaje y, si hubiera podido, tampoco lo habría elegido. Pero las cosas que me pasaron forjaron mi personalidad; me hicieron ser la persona que soy ahora. Las experiencias dolorosas forman parte de mi ser, al igual que el diminuto virus que me acompañará para siempre.

Gracias a eso, ahora soy más fuerte y tengo una voz que antes no tenía. Mi propósito es utilizar este regalo para intentar hacer de este mundo un lugar mejor.

Ojalá quieras unirte a mí.

El mundo en el que vivimos es complicado, triste por momentos y también maravilloso. Hay mucho por hacer.

¿Pero sabes qué? Estamos todos juntos en esto.

Sé que me tocó esta vida porque soy lo suficientemente fuerte para tolerarla.
Una vez superada la oscuridad, decidí usar mi experiencia para
ayudar a otros. Si ahora mismo estás pasando por tu etapa oscura, resiste.
Te prometo que puedes hacerlo. Lograrás superar las situaciones negativas
y podrás disfrutar de una vida muy positiva.

Agradecimientos

Ali Benjamin, mi coautor, no existen suficientes palabras para que pueda agradecerte todo lo que hiciste por mí. Gracias por las largas horas que le dedicaste a mi historia. ¡Te lo agradezco enormemente! No podría haber hecho nada de esto sin ti y, de verdad, no habría deseado compartir este viaje con nadie más que tú.

Kristen Pettit, Jen Klonsky y a todos en HarperCollins, y Mollie Glick de la Foundry Literary + Media. Gracias por todo lo que hicieron para ayudarme a contar mi historia. Honestamente, ¡no podría haber elegido un mejor equipo de trabajo!

Tía Kim y tío Randy, gracias por el apoyo que nos brindaron a mamá y a mí desde el día en que recibimos el diagnóstico y por haber permanecido a nuestro lado durante todo el trayecto. ¡Los quiero mucho!

Candi, eres la mejor hermana del mundo y te amo. Estoy orgullosa de la estupenda madre en la que te has convertido. Gracias por bendecirme con mis tres hermosas sobrinas.

Mamá, gracias por ser mi fanática número uno. Te amo.

Mark, durante todos estos años, has sido una gran figura paterna para mí. Gracias por todo.

Jay Asher, me siento muy orgullosa de que un autor que ha inspirado a tantas personas a través de su novela *Por trece razones* haya escrito el prólogo de mi libro. ¡Gracias por todo lo que estás haciendo por los que fueron víctimas del acoso escolar!

Eva Payne, gracias por tratarme como a uno de los tuyos y por el Campamento Kindle, el lugar que cambió mi vida por completo.

¡Gracias a los doctores, enfermeros y técnicos de laboratorio del Hospital Infantil Riley por haberme cuidado desde que me diagnosticaron VIH! No me habría tratado en ningún otro sitio.

Gracias a la administración escolar y al cuerpo docente de la secundaria Herron por darme la posibilidad de ser yo misma, por apoyarme siempre y por todos los hermosos recuerdos. Les estaré eternamente agradecida.

Gracias a todos los que permanecieron junto a mí durante mis peores momentos.

Ayuda y recursos

Considera la posibilidad de hacer una donación para que este mundo sea un lugar mejor.

Si quieres ayudar a otros chicos que atraviesan problemas de salud y/o que sufren VIH/sida, estas son dos de mis organizaciones benéficas favoritas:

Campamento Kindle

Este campamento, para niños y adolescentes afectados por el VIH/sida, fue muy importante para mí. Es una experiencia totalmente gratuita… y te cambia la vida. Si ayudas a que un chico vaya al campamento, podrías transformar una vida. Visita la página www.campkindle.org/donate.html.

Riley Children's Foundation

Soy paciente del Centro de Enfermedades Infecciosas Ryan White desde que me diagnosticaron VIH en 1997. El equipo de Riley siempre provee atención médica excepcional en un ambiente afectuoso y protector… y jamás le da la espalda a ningún niño, sin importar que la familia no pueda pagar por el servicio. Las donaciones aseguran que Riley continúe brindando atención de altísimo nivel a todos los chicos. Para donar, visita la página www.rileykids.org.

Te aseguro que tu colaboración ayudará a crear un mundo mejor.

ACERCA DEL VIH

¿Qué es el VIH?

El VIH es la infección que causa el sida.

V –Virus–: un virus ataca una a una las células del cuerpo del portador.

I –Inmunodeficiencia–: el VIH debilita el sistema inmunitario porque destruye las células que luchan contra las enfermedades y la infección.

H –Humano–: este virus en particular solo puede afectar a los seres humanos.

¿Qué es el sida?

El sida es una enfermedad del sistema inmunitario por la cual se debilita la capacidad para luchar contras las infecciones.

S –síndrome–: el sida no es una única enfermedad, sino un síndrome, es decir, un conjunto de síntomas.

I –inmuno–: el sistema inmunitario incluye a todas las células y órganos que se necesitan para luchar contra la infección.

D –deficiencia–: uno recibe el diagnóstico de sida cuando el sistema inmunitario es "deficiente" o queda debilitado por la infección del VIH. El VIH se transforma en sida cuando el recuento –es decir, una medida de la cantidad de células inmunitarias sanas en una gota de sangre– de CD4 está por debajo de doscientas.

A –adquirida–: no se puede contagiar, sino que uno lo adquiere cuando se encuentra en un determinado estado del VIH.

¿Cómo se transmite el VIH?

- Solo a través de cuatro fluidos del cuerpo:
  - Sangre
  - Semen
  - Fluidos de la vagina
  - Leche materna
- Al mantener relaciones sexuales (vaginales, anales y orales) sin protección con alguien que tiene VIH o sida.
- Una madre con VIH o sida puede transmitirlo a su hijo durante el embarazo, el parto o la lactancia.
- Al compartir agujas con alguien que tiene VIH o sida.

¿Cómo NO se transmite?

Es imposible contagiarse de VIH/sida por:
- Estrecharle la mano a alguien con VIH o sida.
- Abrazar, besar o tocar a alguien que está infectado.

- Compartir surtidores de agua, vasos, platos o utensilios con alguien que está infectado.
- Comer comida elaborada por alguien que está infectado.
- Por los asientos de retretes.
- Por piscinas o jacuzzis.
- Por el aire.
- Si una persona infectada nos tose o escupe encima.
- Por picaduras de insectos.

Estadísticas sobre el VIH

- A partir de 2009, se estima que habría un millón y medio de adultos y niños que viven con VIH/sida en Norteamérica (sin contar Centroamérica y el Caribe).
- Cada año mueren veintiséis mil personas en Norteamérica (sin contar Centroamérica y el Caribe) a causa del sida.
- Una de cada seis personas que viven con VIH en los Estados Unidos **ignora** que está infectada.
- Cada año se contagian aproximadamente cincuenta mil personas en los Estados Unidos.
- Una de cada cuatro infecciones nuevas de VIH ocurre **entre los trece y los veinticuatro años de edad.**
- Cada nueve minutos y medio, alguien se contagia de VIH en los Estados Unidos.

Tratamientos

Ni el VIH ni el sida tienen cura, pero existen tratamientos. Si estuviste expuesto al VIH o temes haberte contagiado, hazte la prueba. Hay muchísimos medicamentos que ayudan a la gente a llevar una buena vida a pesar de la infección… y cuando antes comiences a tomarlos, mejor será el efecto.

Dónde hacerte una prueba de VIH en tu área

En los Estados Unidos, visita la página http://hivtest.cdc.gov y escribe tu código postal. En Canadá, la Canadian AIDS Society (Asociación Canadiense contra el sida), citada a continuación, tiene líneas directas que te ayudarán a buscar un lugar.

CENTROS DE CONSULTA PARA EL VIH/SIDA

Existen numerosas organizaciones que trabajan para mejorar la calidad de vida de las personas con VIH/sida y para prevenir nuevas infecciones. Algunas se enfocan en iniciativas internacionales para intentar detener la epidemia mundial del VIH/sida. Otras proporcionan servicios de apoyo o acceso al cuidado de la salud. Otras más brindan servicios como apoyo emocional, un sentido de pertenencia a la comunidad, educación, información y pruebas.

Estas son algunas de las organizaciones, cuya información corresponde al 16/6/2014. No promociono ni estoy afiliada a ninguna.

AIDS.gov en los Estados Unidos

Esta página web ofrece información sobre el VIH/sida proveniente del gobierno federal. Encontrarás medidas de prevención, pruebas, tratamientos e información científica, al igual que enlaces con otras fuentes de información. www.aids.gov

AIDS Services Organization Finder

Casi todas las comunidades de los Estados Unidos cuentan con servicios de apoyo para aquellos con VIH/sida. Para encontrar las organizaciones de tu área, ingresa tu código postal y la distancia que estás dispuesto a viajar. Puedes buscar por la clase de servicio que necesitas, ya sean servicios legales, pruebas, asesoramiento, asistencia financiera, gestión de casos y educación. www.asofinder.com

Camp Kindle

Campamentos de verano gratuitos para chicos que estén infectados o afectados por el VIH/sida. La inscripción está abierta para chicos de entre siete y quince años de edad. Hay uno en California y otro en Nebraska. Ambos brindan un refugio frente a las dificultades de vivir con VIH y un entorno propicio donde los chicos crecen en lo personal, se sienten aceptados y reciben educación. www.campkindle.org

Planned Parenthood

Es el principal proveedor de los servicios de salud sexual y reproductiva para las mujeres en los Estados Unidos. Ofrece servicios de salud accesibles para mujeres adultas y adolescentes. Una de cada cinco mujeres estadounidenses visitó este centro de salud al menos una vez en la vida.

www.plannedparenthood.org

Acerca del acoso escolar

Tipos de acoso escolar

El acoso escolar es un acto de comportamiento agresivo **reiterado** que busca intencionalmente herir a otra persona (física o moralmente).

Físico: cualquier forma de ataque físico. Daños o robo de pertenencias también contarían como acoso escolar físico.

Verbal: insultos, burlas o comentarios hirientes.

Indirecto: difundir rumores sobre una persona, excluirla de grupos o enviarle correos electrónicos ofensivos.

Acoso escolar cibernético: cualquier clase de acoso que se lleve a cabo a través de un medio electrónico, como mensajes de texto, llamadas, correos electrónicos, mensajes instantáneos, subir o enviar fotografías y videos vía Internet.

Ningún tipo de acoso escolar es aceptable ni "inofensivo". No lo permitas y, si lo presencias, tampoco te quedes de brazos cruzados.

Estadísticas del acoso escolar en los Estados Unidos
- Este año, casi **trece millones** de niños americanos sufrirán acoso escolar o acoso escolar cibernético.
- Se estima que aproximadamente 160.000 chicos faltan a la escuela cada día por temor a sufrir ataques de otros estudiantes.
- Uno de cada cinco adolescentes que sufren acoso escolar considera el suicidio. De hecho, uno de cada diez lo lleva a cabo.
- Los adolescentes que sufrieron acoso escolar tienen el **doble de probabilidades** de quitarse la vida.
- De cada diez estudiantes que abandonan la escuela, uno lo hace por culpa del acoso escolar **reiterado**.
- Cada siete minutos, un niño sufre acoso escolar.
- Un estudio mostró que, pese a que el 70%de los profesores cree haber intervenido cuando un estudiante ha sido hostigado, solo el 25% de los estudiantes coincidió con ellos.
- El 64% de los chicos que sufre acoso escolar no lo reporta.

No es algo que solo ocurra en Estados Unidos. En Toronto, un proyecto de investigación del año 2010 que se dedicó a estudiar a treinta y tres estudiantes de secundaria informó que el 49,5% de ellos había sufrido acoso escolar cibernético.

Los profesores canadienses afirmaron que el acoso escolar cibernético es su principal preocupación actual en una lista de seis opciones. El 89% dijo que el acoso escolar y la violencia son problemas graves en las escuelas públicas

Según una encuesta reciente de la Organización Mundial de la Salud, Canadá está en el puesto veintiséis y veintisiete de entre los treinta y cinco países que toman varias medidas para terminar con el acoso escolar y la victimización.

Si sufres acoso escolar

- Puedes defenderte con calma frente al hostigador, pero jamás reacciones de la misma forma que él porque la situación se tornará peor.
- No te aísles, cuéntale a alguien. Habla con un adulto de confianza. Si esa persona no responde lo suficientemente bien, habla con otra. Mantén un registro de los incidentes para poder compartirlo con los profesores, el personal administrativo y los padres.
- No lo aceptes como algo que no puede cambiar y tampoco permitas que modifique la imagen que tienes de ti mismo. Tú vales demasiado. No dejes que triunfen los acosadores.

Si ves que otra persona está sufriendo acoso escolar

- La mayoría de las situaciones de acoso escolar no ocurren cuando hay un adulto presente, pero sí otros chicos. Si ves que están hostigando a alguien, no te quedes mirando sin decir nada. Con calma y firmeza, dile al hostigador que su comportamiento no está bien, no es gracioso, ni inofensivo.

- Algunos estudios sugieren que la mitad de las situaciones de acoso no se concretarían si un testigo decidiera intervenir.

- Si crees que no puedes enfrentar al hostigador, pide ayuda a un profesor de confianza o a otro adulto. Si el acoso incluye amenazas o piensas que pone en riesgo a alguien, infórmalo lo antes posible.

- Acércate y sé bueno con el que sufre. Aliéntalo a pedir ayuda. Recuérdale que no merece ser hostigado. Que sepa que alguien está de su lado puede marcar una gran diferencia.

LÍNEAS DIRECTAS NACIONALES

The National Suicide Prevention Lifeline
1-800-273-TALK (8255)

Si sabes de alguien que esté atravesando una crisis suicida o estrés emocional, por favor, comunícate.

La llamada es gratuita y la línea está disponible las veinticuatro horas del día. Tu llamada será transferida al centro más cercano.

Boys Town National Hotline
1-800-448-3000

Una línea abierta las veinticuatro horas, completamente gratuita y confidencial, atendida por expertos.

Adolescentes, padres y otras personas pueden recibir ayuda por acoso escolar, abuso, furia, depresión, problemas escolares, etc.

Centros de consulta para el acoso escolar

Hay muchísimas organizaciones que trabajan para terminar con el acoso escolar. Aquí te dejo algunas de mis preferidas.

El Proyecto Bully

Un movimiento inspirado en el fantástico documental *Bully*, que ofrece herramientas para los educadores, los padres y los estudiantes, incluyendo consejos sobre qué hacer si necesitas ayuda y adónde acudir. Se puede compartir una experiencia, aprender sobre los proyectos en contra del acoso escolar que existan en tu área, e incluso crear uno propio. www.thebullyproject.com

Stopbullying.gov

Una página web dirigida por el Departamento de Salud y Servicios Humanos de los Estados Unidos. Explora los significados del acoso escolar, da consejos para ponerle fin y te permite investigar sobre las leyes contra el acoso escolar que estén vigentes en tu estado.

El proyecto It Get's Better
Una colección de videos con el fin de transmitir a los jóvenes LGBT de todo el mundo —muchos de los cuales escondieron su orientación sexual por temor a sufrir acoso escolar— que no están solos y que sus vidas mejorarán. Incluye más de cincuenta mil videos de los amigos LGTB. www.itgetsbetter.org

The Olweus Bullying Prevention Program (Programa Olweus de Prevención del Acoso)
Es uno de los mejores programas que las escuelas pueden utilizar para prevenir el acoso. Involucra a toda la escuela a fin de crear un entorno positivo y seguro para los estudiantes. www.clemson.edu/olweus

Stop Bullying: Speak Up
Un programa de Cartoon Network, cuya página presenta videos para niños, consejos, juegos e información. www.cartoonnetwork.com/promos/stopbullying

Do Something
Es la organización sin fines de lucro más importante de los Estados Unidos que alienta a los jóvenes a tomar medidas

para lograr un cambio social. Tiene dos millones y medio de miembros. Su programa para combatir el acoso escolar incluye un texto basado en la colección *Elige tu propia aventura*, a través de la cual se muestran los pasos a seguir para reducir el acoso escolar. www.dosomething.org

National Bullying Prevention Center of the PACER Center
El PACER Center defiende las necesidades de los chicos con discapacidades, pero la información que tienen sobre la prevención del acoso escolar es muy útil para todos. En la página hay notas de consejos para los chicos, herramientas para los educadores, videos, historias compartidas y mucho más. www.pacer.org/bullying

En Canadá: Kids Help Phone
1-800-668-6868
Una línea telefónica gratuita, anónima y confidencial, y servicio de asesoría profesional para jóvenes en Internet. Pequeñas o grandes inquietudes. Las veinticuatro horas del día, los trescientos sesenta y cinco días del año.

PAIGE RAWL nació con VIH positivo y esta fue la causa por la cual sus compañeros de escuela comenzaron a hostigarla. Desde sobrenombres crueles hasta profesores que bromeaban respecto de su enfermedad, Paige lo sufrió todo. Pero cuando salió de la Secundaria, decidió empezar a hablar y compartir su experiencia.

Pronto se convirtió en oradora y educadora acerca del VIH y comenzó a viajar, gracias al trabajo con viarias organizaciones, para reducir el estigma hacia el VIH/sida. Su historia y su labor fueron difundidas en revistas y en diarios, y obtuvo diversos premios. Así inspira a mucha gente con su gran valor y su compromiso, luchando contra el bullying.

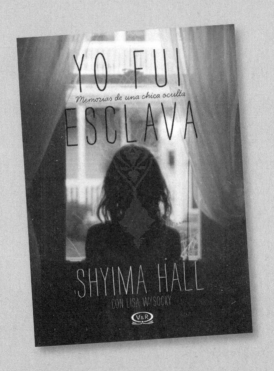

¡TU OPINIÓN ES IMPORTANTE!

Escríbenos un e-mail a **miopinion@vreditoras.com**
con el título de este libro en el "Asunto".

Conócenos mejor en:
www.vreditoras.com
f **facebook.com/vreditoras**